平凡社新書
832

戦争する国にしないための
中立国入門

礒村英司
ISOMURA EIJI

HEIBONSHA

はじめに

二〇一四年七月一日、集団的自衛権の限定的行使を容認する閣議決定のあとに開かれた記者会見のなかで、安倍晋三首相は、紛争地から救出され米艦船に乗船する日本人母子の姿を描いたパネルを使って、「人々の幸せを願って作られた日本国憲法がこうしたときに国民の命を守る責任を放棄せよといっているとは私にはどうしても思えません」と述べ、集団的自衛権行使の必要性を国民に強く訴えた。のちに首相は、日本人が米艦船に乗船していなくとも集団的自衛権を行使する場合もありうるとして、「日本人の命を守るため、自衛隊が米国の船を守る」必要があるとしてもち出したパネルの事例は事実上否定されることになるのだが、ここでは記者会見での首相の発言をもう少し追っていくことにしよう。

首相はさらに、閣議決定によっても海外派兵は一般に許されず、湾岸戦争などの戦闘に参加することもないと断言し、わが国の存立を全うし、国民を守るための自衛の措置だけが憲法の許すところであり、万全の備えをすることが戦争の抑止力になると指摘したあとで、「今回の閣議決定によって日本が戦争に巻き込まれるおそれは一層なくなっていく」ことを強調した。

はたして集団的自衛権の限定的行使が可能になることによって、「一層」戦争に巻き込まれるおそれがなくなったというほどに、それ以前の日本は戦争に巻き込まれるおそれがあったのか、集団的自衛権行使が可能になる以前に日本が戦争に巻き込まれるリスクがどれほどあったのか、この会見やその後の国会審議において、十分に説明されることはなかった。

集団的自衛権の行使が可能になれば、本当に日本が戦争に巻き込まれるおそれはなくなるのか、現時点では定かでない。ただ、国際社会において実際に集団的自衛権が行使された歴史から発見できることは、それが国際法上の権利としてすべての国家に認められながら、アメリカのベトナム戦争、旧ソ連のハンガリー動乱など、実態としては巨大な軍事力をもつ大国だけが行使してきたということ、これら大国は他国の防衛を大義名分にしながら自国の影響力を及ぼす手段としてそれを濫用してきたということである。日本政府が今回の集団的自衛権の行使が限定的であることをいかに強調しようとも、日本もその歴史のなかに足を踏み入れようとしている事実は心にとどめておかなければならないだろう。

さて、こうした問題のある集団的自衛権を前提とする同盟政策の対極にある安全保障政策ともいえるものに、ヨーロッパの小国が古くから採用してきた中立政策がある。中立政策をとる国家（中立国）は、戦争に巻き込まれることを避けるべく、戦時においては交戦国のいずれにも与《くみ》しない公平な態度をとり、平時においては戦時の中立を危うくしないようにするため、軍事同盟に加入しないといった方針を掲げる。したがってこのような政策をとる中立国は、軍事同盟と結びつく集団的自衛権の行使を逆に控えることで、自国の安全保障を確保しようとするのである。

今回の閣議決定を受けて成立した新たな安全保障法制は、日本が独力による安全保障をあきらめ、日米同盟への依存を深めていくことを実感させるものであったが、「戦争に巻き込まれるおそれ」をなくすというテーマを重視するならば、戦争に巻き込まれないために生み出された中立政策への方針転換はまったく検討の余地がないものだろうか。日本を取り巻く国際情勢において、日本が中立国となることは日本だけでなく周辺諸国にとって望ましい結果をもたらすことになるのではないだろうか。日本が中立国となれば、現代の中立国が果たしている役割（第四章で詳述）を日本も引き受け、東アジアの国際環境の安定化に貢献することができるのではないか。

本書はこうした問題意識をもって、中立国とはいったいどのような国家なのかといったことを手始めに、広範囲にわたって中立国を読み解く入門書として書かれたものである。
本書は次のような構成となっている。

第一章は中立国の意味や分類などの整理を行う。第二章は中立国が成立した歴史的経緯をたどる。第三章は中立国の防衛手段としての武装中立の是非について論じている。第四章は中立国が過去に果たしてきた役割と、中立の存在意義が揺らぎはじめた冷戦終結後における中立国の役割と国際社会に対する協力の姿勢を紹介している。第五章では日本の永世中立化の可能性について過去と現在の議論を取り上げ、若干の私見を述べた。各章は一応独立しているものの、第一章から順序立てて執筆した関係で、できれば第一章から順にページを進めていくことがより理解を深めることになるかもしれない。

本書がこれからの日本の安全保障政策を考えるうえでの判断材料となれば望外の喜びである。

戦争する国にしないための中立国入門●目次

世界の中立国
ホンジュラス
コスタリカ

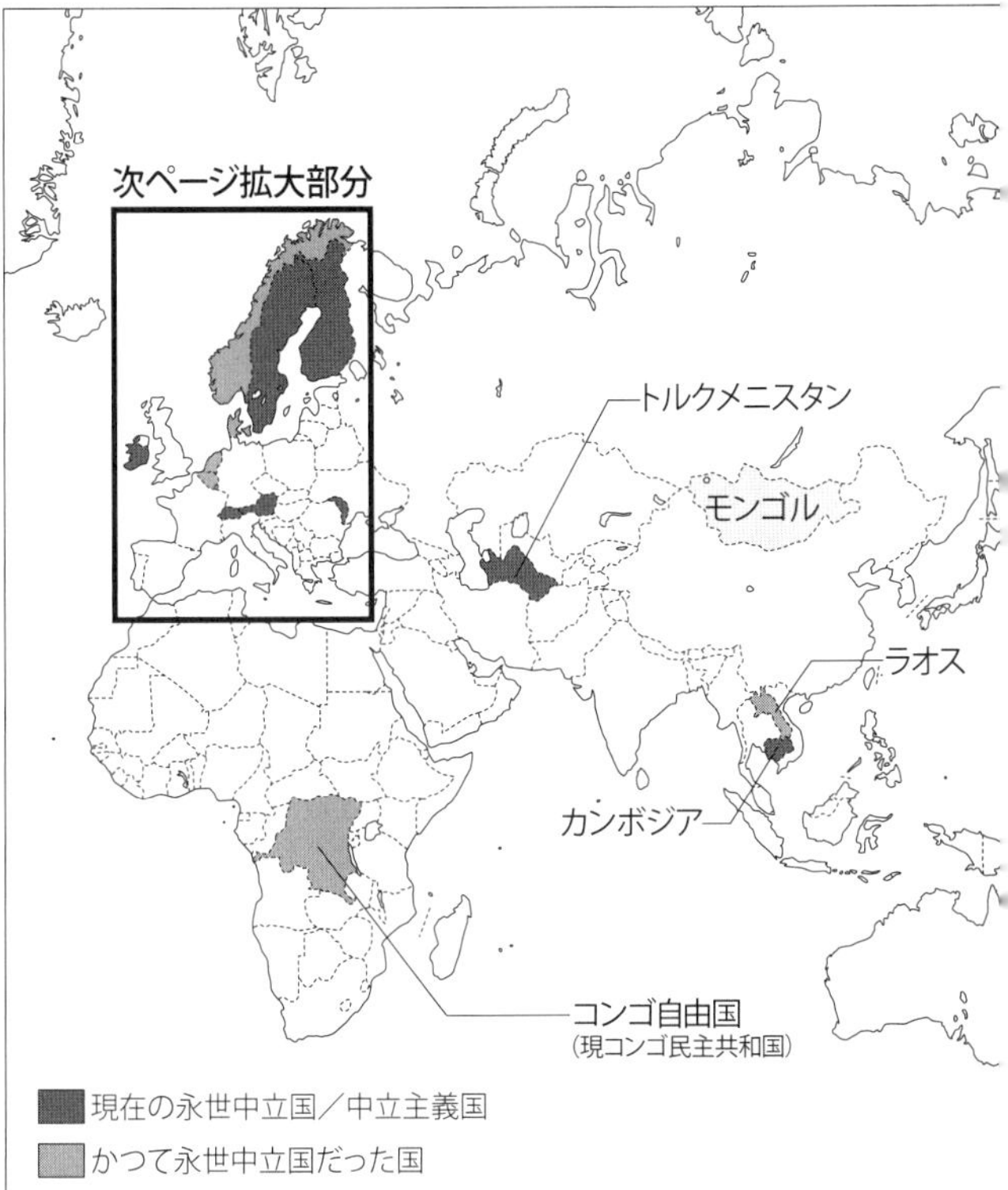

次ページ拡大部分
トルクメニスタン
モンゴル
ラオス
カンボジア
コンゴ自由国
(現コンゴ民主共和国)
現在の永世中立国／中立主義国
かつて永世中立国だった国
永世中立化を検討している国

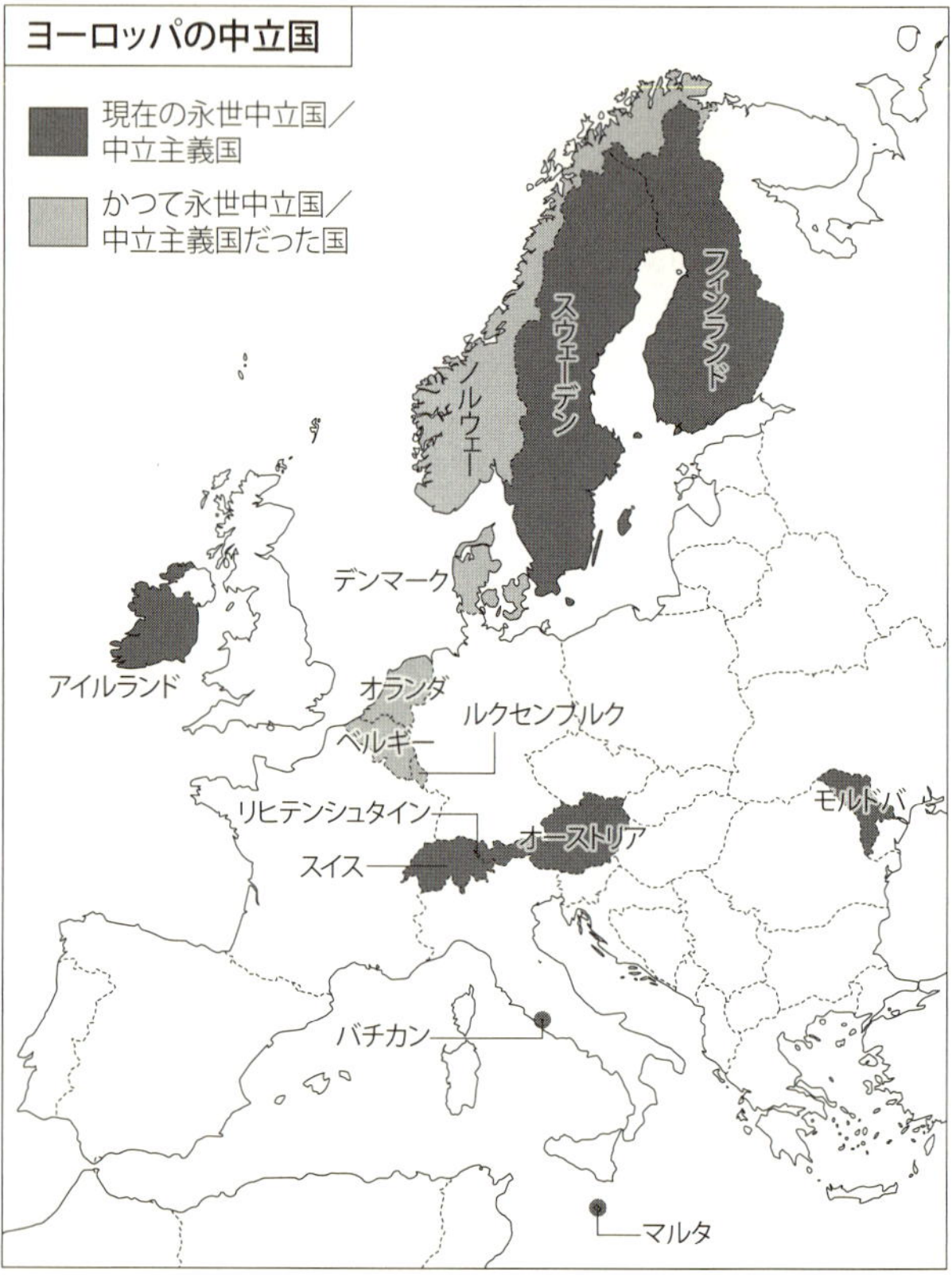
ヨーロッパの中立国
現在の永世中立国／中立主義国
かつて永世中立国／中立主義国だった国
ノルウェー
スウェーデン
フィンランド
デンマーク
アイルランド
オランダ
ベルギー
ルクセンブルク
リヒテンシュタイン
スイス
オーストリア
モルドバ
バチカン
マルタ

第一章　中立国とはどんな国か

「日本は太平洋のスイスとなるべきである」。こう述べたのは、当時、日本を占領統治していた連合国軍最高司令官ダグラス・マッカーサーであった。マッカーサーはのちに、「日本は極東のスイスたれ」と同趣旨の持論を展開し、日本が永世中立国となることを繰り返し提言していた。マッカーサーの発言が日本で報道されると、大戦中も平和を維持したスイスのイメージと、反戦感情の強かった当時の国民感情が重なり、中立論が国民の間でにわかに議論され支持されるようになっていった。日米安保体制が現実路線として定着すると中立論は次第に退潮してしまうが、かつて日本でも検討されたことのある中立国とはいったいどのようなものなのか、少し詳しくみていきたいと思う。

「中立（neutrality）」の語は、「二つのいずれにも~しない」を意味する中世ラテン語の *neutralis* に由来するといわれるが、現在では、戦争に参加する交戦国のいずれの側にも味方しない国家、すなわち戦争にかかわらない第三国の国際法上の地位を指している。戦時のみに発生する地位であることから「戦時中立」や「一時的な中立」ともいわれる。通常、中立国という場合は、この戦時中立の立場に立つ国をいう。

まず、国家が中立国となることを選択するメリットは何だろうか。戦争に参加せず中立を選択するということは、当然そこに何か利益があると考えられるからである。中立国を選択する利点には、戦争にかかわらないことで、交戦国との通商の自由が一定程度確保され、経済的利益を得られるということが古くから指摘されている。またそれだけにとどまらず、中立は、大国間に挟まれた小国にとって、自国の存続や安全を確保する手段でもあった。

中立国としてすぐにイメージされるスイスは、戦時中立国とは異なり、将来起こりうるあらゆる戦争において中立を維持するために、平時から中立政策を実践する「永世中立国」である。永世中立制度は、主権国家が国際社会の構成単位となったウェストファリア体制（一六四八年）などで採用されてきた勢力均衡や、国連が掲げる集団安全保障と同じように、他の国家による侵略から自国を守るための安全保障制度のひとつであることはあまり知られていない。永世中立制度は、単なる「平和主義」とは一線を画するものであり、実際スイスは、自国を防衛するために強力な軍隊をもっている。

いわゆる永世中立国には、法的に中立政策を義務づけられる「国際法上の永世中立国」と、自国の意思で追求する自由をもつ「中立主義国」の二つのタイプがあるが、これはあとで詳説する。

なお、現在の永世中立国としては、スイス、オーストリア、リヒテンシュタイン、バチカン、マルタ、カンボジア、コスタリカ、トルクメニスタンがある。自国憲法で永世中立を宣言している国家は、オーストリア、カンボジア、トルクメニスタンのほかに、モルドバがある。中立主義国には、スウェーデン、フィンランド、アイルランドがあり、非同盟中立を標榜する国家にネパール、モルディブなどがある。

一　中立国とは

中立とはそもそも何か

伝統的な中立制度は、一九世紀半ばから二〇世紀初めにかけて体系化された国際法上の制度である。中立制度を定める主要な国際法には、一八五六年の「海上法ノ要義ヲ確定スル宣言」（パリ宣言）、一九〇七年の「陸戦ノ場合ニ於ケル中立国及中立人ノ権利義務ニ関スル条約」（陸戦中立条約）、同じく一九〇七年の「海戦ノ場合ニ於ケル中立国ノ権利義務ニ関スル条約」（海戦中立条約）といった条約がある。

中立は、国家間の戦争の発生により、戦争に参加することを望まない国家が選択する地位であり、戦争の終結によってその地位も消滅する。中立が国際法に基づく制度であるということは、多くの法が当事者間に一定の権利と義務を生じさせるように、中立制度にかかわる当事国間、すなわち中立国と交戦国との間に権利義務関係を生み出す。

　ここでは、とりわけ中立国に課せられる「中立義務」が中立国を特徴づけているため、中立国が交戦国に負っている義務を中心に検討する。そして、戦争・武力紛争、安全保障にかかわる国際法、なかでも第二次世界大戦後の一九四五年に成立した国際連合憲章（国連憲章）によって、それ以前に確立した伝統的な中立制度がどのような影響を受けたのかを考察することで、中立国がいったいどのような国であるのかを鮮明にしたい。

中立国の義務

　中立制度は、中立国に権利を与え義務を課す制度である。とはいえ、中立国が交戦国に行使できる権利と交戦国に対して負う義務は、等価の関係にあるわけではなく、義務のほうに重点が置かれる。その義務を負ってまで中立国が中立を保とうとしたのは、戦争中に交戦国から得られる経済的な利益の確保や自国の領土保全に役立つと考えられたからである。伝統的な中立制度は歴史的に、交戦国が戦争を進めるうえでの欲求と、戦争に対して中立の立場に立つことで経済的利益などを得たいと考える中立国の欲求を調整し形づくられてきた。このような経緯のもとでつくられた中立国の権利には、「領土の不可侵権」（陸戦中立条約一条）や「通商の自由」[*1]がある。しかし、これらの権利は、平時から国家が他国に対して主張できる権利であって、国家が当然有している権利が戦時においても行使されうることを確認しているにすぎない。これに対して、中立国に課せられる義務は、効果的な戦争を行いたいとする交戦国の主張に応じて中立国が引き受ける義務である。それは国家が平時であれば負うことのない義務、つまり戦時にのみ課せられる特別の義務なのである。こうした理由から、中立国の権利よりもその義務が強調されるわけであるが、国家の命運をかけてたたかう交戦国と、平時の権利を主張するにすぎない中立国との間では、交戦国が立場上優位に立ち、その反作用として中立国の義務の側面が際立つのは当然の結果といえるだろう。

なお、中立国は、戦時において通商の自由を有していることからも明らかなように、中立義務にしたがう限り、交戦国双方との通商取り引きを行う権利があり、双方から経済的利益を得ることができる。

中立義務には、「黙認義務」および「公平義務」の二つがある。

黙認義務

国家が平時において他国の船舶に対して臨検[*2]や捜索を行うことは、国際法によって禁じられているが、戦時において交戦国が中立国の船舶に一定の範囲でこれを行うことは適法とされる。逆にいえば、中立国は、交戦国が戦争を進めていくうえで行った中立国国民に対する適法な行為は容認しなければならない。これを黙認義務とか容認義務という。具体的には、交戦国は中立国の船に積まれた敵国貨物のうち武器、弾薬、火薬などの戦時禁制品とされるもの、敵船に積まれた中立国の貨物のうち戦時禁制品とされるものなどを没収することができるが（パリ宣言二条、三条）、中立国は、これによって発生した損害の賠償を、交戦国に対して要求することはできない。また交戦国は、自国領内に入ってきた中立国または中立国国民の鉄道機関を、緊急の必要がある場合、強制的に徴用することができるが（陸戦中立条約一九条）、中立国は交戦国による徴用を容認しなければならない。

公平義務

公平義務は、交戦国双方を公平に扱う中立国の義務をいう。伝統的な中立制度は、交戦国を平等に扱うことを基本原則とするため、公平義務は、中立義務の中心を構成しているといえる。公平義務にはさらに、「回避義務」と「防止義務」の二つがある。

回避義務とは、交戦国に対して直接、間接に援助を与えてはならない義務であり、「避止義務」とも呼ばれる。この義務の特徴は、交戦国に対し公平に「援助してはならない」という不作為を中立国に要求することにある。それゆえ、交戦国の一方だけでなく双方に武器弾薬などを「援助する」ことは、それが公平になされたものであったとしても回避義務に違反する。直接の援助が禁止される例としては、中立国が一方の交戦国のために他方に対して行う敵対行為が典型的である（このような行為がもはや中立とはいえないのは当然である）。間接的な援助が禁じられる場合として、①交戦国に軍隊、軍艦、兵器、弾薬などの軍用資材を提供すること（海戦中立条約六条）、②交戦国に金銭を貸与したり交戦国による公債に応じたりするなど、交戦国への財政上の支援を行うことがある。

もっとも回避義務は、中立国が国家として交戦国に対して負っている義務であるから、中立国の国民に対してまでは、この義務は及ばない。したがって、中立国の国民が一民間人の立場で交戦国のために武器弾薬などを輸出することを、中立国が阻止する義務はない（陸戦中立条約七条、海戦中立条約七条）。また、中立国の国民が交戦国の軍隊に義勇兵として参加するために国境を通過することを中立国が防止する必要もない（陸戦中立条約六条）。義勇兵として中立国の国民が自発的に参戦するケースは過去にも多くみられる。例えば、第二次世界大戦がはじまってすぐ、孤立主義の伝統にしたがい中立国であったアメリカから義勇兵としてイギリス軍やカナダ軍に加わった事例がある。また朝鮮戦争で、中国共産党政府は、参戦したすべての中国軍は義勇兵であり、中国は国境通過を防止する義務はないと主張した（ただし、中国が中立国であったかどうかという問題はある）。なお、中立国はこうした私人の行為を制限したり禁止することもできるが、そのような場合は交戦国の双方に対し公平になされなければならない（陸戦中立条約九条前段）。

次に防止義務は以下のように説明される。これは、中立国の領域を交戦国が利用することを防止しなければならない義務をいい、「阻止義務」とも呼ばれる。回避義務が中立国に不作為を求めるものであったのに対し、防止義務は中立国に積極的な行為を要求する。中立国がとるべき主な防止措置は、①中立国領域での交戦国の敵対行為の防止（海戦中立条約二条、二五条）、②交戦国軍隊や弾薬・軍需品の通過の防止（陸戦中立条約二条、五条）である。*3 カシミールの領有権をめぐってインドとパキスタンの間で争われた第二次印パ戦争（一九六五年）において、セイロン（現在のスリランカ）が中立国として戦争物資の自国領域通過を拒否した事例や、第四次中東戦争（一九七三年）で中立を宣言した西側ヨーロッパ諸国が、アメリカによる自国領域を利用してのイスラエルへの物資供給を拒否した事例は、この義務の履行を思わせる。反対に、ベトナム戦争で、北ベトナム軍が南ベトナム国内の反政府ゲリラに向けて補給路として利用した、いわゆるホーチミン・ルートは、中立を宣言していたカンボジア領内を通過しており、カンボジアは防止義務を適切に果たせなかったことを示している。

中立国は、交戦国が自国領域で敵対行為を行ったり交戦国の軍隊が中立国領域を通過した場合、交戦国に対して抗議するだけでは足りず、武力をもって対応しなければならない場合がある。後述するように、永世中立国が武装中立でなければならないとする根拠のひとつに、防止義務に基づくこうした対応が中立国に求められていることがある（防止義務と武装中立の関係については第三章第一節を参照）。なお、中立国による交戦国に対するこの武力行使は、中立を守るための措置であって戦争行為ではないため、中立国が戦争に参加したことになるわけではない。

動揺する現代の中立国概念

戦争の違法化と中立国

伝統的な国際法のもとでは、国家は戦争に訴える自由がある一方で、戦争に参加することを望まない国家は、自動的に中立国として中立義務にしたがうものとされてきた。しかし、第一次世界大戦後、国家の戦争に訴える権利が一九一九年の「国際聯盟《れんめい》規約」（連盟規約）によって制限され、次いで一九二八年の「戦争抛棄《ほうき》ニ関スル条約」（不戦条約）で戦争が全面的に禁止された。ここでいう戦争とは、単に戦闘状態にあることを指すのではなく、交戦国によって明示または黙示の戦争意思の表示（宣戦布告など）がなされた国際法上の戦争をいう。しかし、不戦条約が戦争を全面的に禁止したにもかかわらず、実際には国家間の戦闘行為が止むことはなく、一九三一年の満州事変、一九三七年の日華事変など、宣戦布告を行わず戦闘状態に入る事実上の戦争が行われるようになった。そのため、国連憲章では、戦争という用語は用いず武力行使を原則として禁止し、戦争だけでなく武力行使までもが違法化されることとなった。

したがって、原理的にいえば、戦争や武力に訴えた国家は侵略国、侵略を受けた国家は犠牲国となり、交戦国を平等に扱うことを基本原則とする伝統的な中立制度は成り立たないことになる。国連憲章は、武力行使を原則禁止したうえで、侵略国の認定を安全保障理事会にゆだね、侵略国に対しては集団的措置（経済的制裁、軍事的制裁）によって対処することを建前としている。しかし、特に冷戦時代には、拒否権をもつ安保理常任理事国である米ソが対立していたこともあり、この機能が十分に発揮されてこなかった。そのため、安保理が侵略国の認定も集団的措置の決定も行わない場合、戦争に参加することを望まない国連加盟国は、交戦国を公平に扱うことを旨とする伝統的な中立国になることができた。

他方で、中立義務は、戦時における特別の義務である。そのような平時には負わない特別の義務が、戦争の違法化によって何も影響を受けないはずはない。こうして、積極的に戦争に参加することはないが、交戦国の一方に何らかの援助を行う――伝統的な公平義務に違反する――国家が現れることとなった。このような国家は「非交戦国」といわれ、第二次世界大戦初期に連合国を援助した参戦前のアメリカがその例である（参戦前のアメリカの立場については第二章第四節を参照）。また、冷戦期の多くの戦争で、米ソ両大国がそれぞれの側につく交戦国の主な兵器提供国であったことはよく知られている。

非交戦国の評価については、伝統的な中立制度を支える中立法規がいまだ変更されていないため、非交戦国の行動を違法とみる見解もあり、結論は出ていない。ここでは、戦争の違法化によって非交戦国という新たな地位が出現したものの、なお伝統的な中立に立つ国の存在する余地があることを指摘するにとどめたい。

いまひとつ、戦争違法化と中立国の関係で見落としてならないのは、伝統的な中立制度は、「国際法上の戦争」のもとに整備されてきたものであり、宣戦布告のない「事実上の戦争」には必ずしも適用されないということである。国際法上の戦争が発生すると、戦争に参加することを望まない第三国は、当然に（自動的に）中立国となり、中立義務を交戦国に対して負うものとされた。したがって、宣戦布告のない事実上の戦争では、第三国は必ずしも中立義務を負うわけではない（前述した非交戦国の評価がわかれる点はここにある）。それでは、自動的に中立国になるわけではない国家が、戦争に巻き込まれることを望まないとき、その国家は、いかなる地位に立たされることになるのだろうか。この点について、第三国が武力紛争を「戦争」と判断し――通常、戦争と判断するのは、交戦国自身である――、中立法規に自らしたがうことを選択しない限り、中立義務に拘束されることはないという事実に注目しておきたい。すなわち、第三国は武力紛争の発生の時点で自動的に中立国になるわけではなく、中立の地位に立つことを自ら選択した場合、中立国となるわけである。

国連の集団安全保障と中立国

集団安全保障は、戦争や武力行使を禁止したうえで、それでもなお戦争に訴える国家が現れた場合、集団安全保障の体制内にある他の国家が共同でこの違反国に対して制裁を科すことで、平和を維持し、回復しようとする安全保障モデルである。同盟を組織して、対立する仮想敵との力の均衡によって国家の安全を確保しようとする勢力均衡政策（第一次世界大戦前の三国同盟と三国協商がその例）の対極にあり、第一次世界大戦後の国際連盟によってはじめて採用された。

連盟規約は第一に、国交断絶に至るおそれのある紛争を仲裁裁判、司法的解決、または連盟理事会の審査に付することを加盟国に義務づけたうえで、司法機関の判決や理事会の報告から三カ月以内に戦争に訴えることを禁止し、また三カ月経過したあとでも、これらの機関の判断にしたがう国家に対して戦争に訴えることを禁止した（一二条、一三条、一五条）。これらの規定に反して戦争に訴えた国家は、他のすべての連盟加盟国に対して戦争行為を行ったとみなされ、加盟国は一切の通商上・金融上の関係を断絶するなどの経済制裁を行う（一六条）。

連盟の集団安全保障制度は、連盟規約に違反した国家の認定や経済制裁の実施が各加盟国の判断にゆだねられるという欠陥があったため、その実効性を欠いていた。国際連合は、連盟の問題点を克服し、連盟より中央集権的な仕組みを整えた。すなわち、国連憲章は、安全保障理事会に国際の平和と安全の維持に関する主要な責任を負わせ（二四条）、憲章が規定する事態（平和に対する脅威、平和の破壊、または侵略行為）の認定を安保理にゆだねた（三九条）。三つの事態のいずれかを認定したあと、安保理は、対象国に対する非軍事的強制措置（経済制裁）を加盟国に命じ（四一条）、経済制裁が不十分な場合、軍事的強制措置（軍事制裁）を決定することができる（四二条）。安保理の決定を効果的に実行するために、加盟国は、その決定にしたがう義務を負う（二五条）。したがって、安保理が交戦国の一方を侵略国と認定し、制裁措置を発動すれば、国連加盟国は、安保理の決定にしたがうことを義務づけられるため、中立国となることは許されず、中立の基本原則である公平義務を守ることができない。

もっとも安保理が加盟国を拘束しない「勧告」や「授権」という形式で制裁措置を発動すれば、安保理は制裁措置への参加を加盟国に要請するにとどまり、加盟国は、中立の立場を選択することができる。

冷戦終結後すぐに発生した湾岸危機・戦争で、安保理はすべての加盟国を拘束する経済制裁を発動したあと、クウェートと協力する一部の加盟国に対して、イラクをクウェートから排除するための武力行使を授権した。この授権を受け、アメリカを中心とする多国籍軍がイラクと戦闘状態に入ったが、イラクの隣国イランは敵対行為が終わるまでイラン領内に入るいかなる交戦国の軍用機の利用も認めないと通告し、中立を宣言した。しかしイランは、戦闘行為の開始後も国連憲章上の義務に基づいて経済制裁にしたがう旨の声明を発表しているため、伝統的な中立国ということはできない。このように拘束的な経済制裁には参加し——それは国連加盟国の義務として参加しなければならないのだが——、非拘束的な軍事的措置（多国籍軍のイラクに対する武力行使）には参加しないという態度をとる国家が現れた。このような国家の統一的な呼称はなく、非交戦国と称する見解や、「限定中立国」の語をあてる見解もある。

内戦と中立国

近年の武力紛争の多くは、国際的武力紛争（国家間の武力紛争）ではなく、ソマリア、ルワンダ、リビア、シリアなどにみられるような国内紛争ないし内戦であるといわれる。内戦とは、国家内の既存政府と反乱団体・反政府勢力の間、または反乱団体間で、その国の支配をめぐって、あるいは分離独立を求めて争われる武力紛争をいう。反乱団体・反政府勢力は、国際法上も国内法上も交戦資格がないため、武力をもって既存政府の転覆を図ったり分離独立を実現しようとすることは、内乱罪などの犯罪行為として既存政府から処罰される。その意味で内戦は、交戦資格をもつ国家間の武力紛争とはその性質が異なり、他国が中立国となることはできないとされてきた。中立制度は、相互に対等な国家間の戦争・武力紛争にのみ成立する制度とされてきたからである。

もっとも、内戦について第三国が中立国となる可能性がまったくないわけではない。ある一定の領域を支配するに至った反乱団体を、国家と同等の交戦資格をもつ「交戦団体」として第三国が承認すれば、第三国は、中立国として交戦当事者双方に対して中立義務を負うことになる。交戦団体承認は、アメリカ南北戦争（一八六一年〜六五年）でイギリスやフランスなどが南部連合に対して交戦団体承認を行い、中立国となったことで確立したといわれる。しかしその後の内戦では、既存政府や反乱軍への第三国による援助・干渉が多くみられ、交戦団体承認はほとんど行われなくなっている。

インドシナ戦争やベトナム戦争のように、植民地支配からの解放や独立をめざして人民がたたかう民族解放戦争は、従来内戦と捉えられていた。しかし、民族自決権が国際法において認められるようになり、[*4] 一九七七年に採択された「一九四九年ジュネーブ条約第一追加議定書」（第一追加議定書）において国際的武力紛争と位置づけられることになった（一条四項）。第一追加議定書は、国際的武力紛争としての民族解放戦争に、植民地支配への戦争だけでなく、外国の占領や人種差別体制に対してたたかう武力紛争も含んでいる。前述したように、国際的武力紛争は、第三国が中立国となる可能性を残しているので、国際的武力紛争に含められた民族解放戦争に対して、第三国は中立国となる余地がある。[*5]

現代の内戦によくみられるのは、シリア内戦へのアメリカ、ロシアなどの介入といった外国軍隊が内戦に軍事介入する「内戦の国際化」現象である。内戦に対する外国軍の介入は、紛争の性質を国内的武力紛争から国際的武力紛争へと変質させるのだろうか、それとも依然として国内的武力紛争にとどまるのであろうか。この点について、国際司法裁判所（ＩＣＪ）はニカラグア事件（一九八六年判決）で、反政府勢力とその本国（ニカラグア）との間の紛争は内戦であるとしながら、反政府勢力を支援する外国（アメリカ）軍隊による本国政府に対する軍事行動は、国際的武力紛争であるとし、紛争当事者が国同士であるかどうかで紛争の性質を分類した（ニカラグア事件については第三章第三節、第四章第一節、第五章第三節を参照）。また近年では、政府と反政府勢力のいずれに対してであれ、外国軍隊の介入が、内戦を国際化し国際的武力紛争へと変質させるとみる見解も有力である。したがって、国際的武力紛争とみなされる国際化された内戦において、第三国が中立国となる可能性も十分にある。

二　永世中立国とは

（戦時）中立国が実際に発生した他国間の戦争を前提とし、戦争の終結とともにその地位も消滅するのに対し、永世中立国（Permanent Neutral State）は、実際に発生した戦争だけでなく、将来のあらゆる戦争に中立を維持する国家を指す。永世中立国には大きくわけて、国際法上の永世中立国と、外交政策として中立を維持する中立主義国の二つがある。

国際法上の永世中立国

国際法上の永世中立国とは、戦時の中立義務のみならず、平時においても将来の戦争に巻き込まれないための義務を負う国家をいう。永世中立国と戦時中立国の間では、戦時に負う中立義務の内容に差はないが、永世中立国は戦争が開始されると自動的に戦時中立義務を負うものとされ、その点で中立の立場に立つか交戦国として戦争に加わるかをその都度判断できる戦時中立国とは異なる。さらに、永世中立国には平時に守るべき特別の義務も課せられる。この平時の義務を明らかにするまえに、まず永世中立国の成立形式に基づく分類をしておきたい。

法形式による分類

永世中立が法的な概念であるということは、永世中立国が国際法に基づいて永世中立の地位を他国から承認されていなければならないことを意味する。その国の判断で中立を採用、または放棄できる中立主義国との違いは、この点にある。永世中立国は大別して、「スイス型」、「オーストリア型」、および「トルクメニスタン型」の三つの型に分類することができる。

スイス型（条約型）

第一は、スイスが永世中立国となったときに採用された方式である。スイスが永世中立を承認されたのは、一八一五年のウィーン会議で採択された「スイス国の永世中立及びその領域の不可侵の承認及び保障に関する議定書」によってである。この議定書は、オーストリア、プロシア、ロシア、イギリス、フランス、ポルトガル、スペイン、スウェーデンの八カ国の締約国で構成される多国間条約である。[*6] この型の永世中立を採用している（いた）のは、スイスのほかにマルタ、ベルギー、ルクセンブルク、ラオス、カンボジアなどである。

マルタは、ナポレオン率いるフランスとイギリスの間で締結されたアミアン講和条約（一八〇二年）で永世中立国となった、史上はじめての国家である。しかし、一八〇五年のトラファルガー海戦でフランスに勝利したイギリスは、マルタを占領下に置き、一八一四年に英国領とした。一九六四年にイギリスから独立したマルタは、一九八一年に再び永世中立国となった。このときの条約は、イタリアとの交換公文という二国間条約の形式によっている。

ベルギーの永世中立は、オーストリア、プロシア、ロシア、イギリス、フランス、ベルギーの六カ国を締約国とする一八三一年のロンドン条約で承認された。

ルクセンブルクの永世中立は、オーストリア、プロシア、ロシア、イギリス、フランス、オランダ、ベルギー、イタリア、ルクセンブルクの九カ国を締約国とする一八六七年のロンドン条約によっている。

ラオスの永世中立は、南ベトナム、北ベトナム、カンボジア、中国、ソ連、フランス、アメリカ、イギリス、インド、ポーランド、カナダ、ビルマ、タイ、ラオスの一四カ国による一九六二年のラオス中立宣言に基づいている。

カンボジアは、オーストリア、ブルネイ・ダルサラーム、カナダ、中国、フランス、インド、インドネシア、日本、ラオス、マレーシア、フィリピン、シンガポール、タイ、ソ連、イギリス、アメリカ、ベトナム、ユーゴスラビア、カンボジアの一九カ国が署名した一九九一年のパリ和平協定で永世中立が承認された。

しかし、ベルギー、ルクセンブルク、およびラオスは、次のような経緯から現在では永世中立国とみなされていない。ベルギーは、第一次世界大戦でドイツから中立を侵犯されたことを受け、永世中立の廃止を要請し、一九一九年のヴェルサイユ条約や一九二五年のロカルノ条約[*7]などによって認められた。ルクセンブルクもベルギーと同様に、第一次世界大戦でドイツによって中立を侵犯され、ヴェルサイユ条約でドイツは、ルクセンブルクの中立の廃止に同意している。これによってルクセンブルクの永世中立を承認したロンドン条約自体が破棄されることはなかったが、第二次世界大戦で再びドイツに占領されたルクセンブルクは、後述の永世中立国の義務に違反する軍事同盟に加わるための国内法を整備して、西欧同盟および北大西洋条約機構（NATO）に加入し、事実上永世中立の地位を放棄した。ラオスは、中立宣言後の一九七七年に軍の駐留を認める条約をベトナムと結び、他国軍の駐留は永世中立国の義務違反であることから、もはや永世中立の地位にないとみなされている。

なお、スイスの永世中立を定めた議定書の特徴は、締約国がスイスの永世中立を承認しているだけでなく、その独立・領土および中立を保障していることにある。したがって、スイスの独立・領土および中立が侵害された場合は、これを阻止・排除するために、必要な場合には、締約国は、武力によってスイスの独立・領土および中立を回復しなければならない。スイスとほぼ同じ年代に永世中立国となったベルギー、ルクセンブルクの永世中立条約にも同様の規定がある。もっとも、第二次世界大戦以降、永世中立国となった国家にこの保障の約束が与えられたものはなく、それは、以下のオーストリア型やトルクメニスタン型においても変わりはない。

オーストリア型（一方的宣言・通知＋個別国家の承認型）

第二は、一九五五年に永世中立国であることを宣言したオーストリアの方式である。第二次世界大戦後、連合国の施政下にあったオーストリアは、独立を回復する過程で永世中立国となることを選び、憲法と同等の効力がある「オーストリアの中立に関する連邦憲法法律」（中立憲法法律）を制定した。その後、外交関係のあるすべての国家に永世中立を通知し承認を求め、六一カ国から承認を得て、永世中立国の地位を獲得した。日本も一九五五年一一月一四日にオーストリアから永世中立の承認要請に対する書簡を受け取り、同年一一月一六日に承認する書簡を送っている。

オーストリア型は、永世中立を一方的に宣言したあと、他国からの承認を求めるものであるが、一九八三年に「永世的、積極的、非武装的中立に関する大統領宣言」を発したコスタリカは、外交関係のある国家にこの宣言を一方的に通知したにすぎず、他国からの承認を求めない方式をとった。国際法上の永世中立を採用する国家は、永世中立を放棄する必要に迫られたとき、自国の判断でこれを放棄することができる中立主義国と異なり、永世中立の地位を承認した国家の同意を得なければならない。永世中立を廃止するために条約によって関係諸国の同意を得たベルギーは、そのよい例である。また、オーストリアが国際法上の永世中立国であるといいうるのは、中立の一方的宣言を他国が承認したからである。それゆえ、他国からの承認を得ていないコスタリカの永世中立が国際法上の性格を有しているかは明らかでない。

この問題を考えるうえで参考になるのは、核実験事件で示された一九七四年のＩＣＪの見解である。この事件は、南太平洋のムルロア環礁で大気圏内核実験を繰り返してきたフランスに対して、オーストラリアとニュージーランドが実験の違法性と実験停止を求めてＩＣＪに提訴したものである。提訴後、フランスは、南太平洋での大気圏内核実験は今後行わないとする一方的宣言を表明した。ＩＣＪは、フランスの一方的宣言は国際社会全体に対して公表されたもので、将来勝手に変更したり撤回することのできない拘束的な国際公約であるとして、フランスの一方的宣言に法的な拘束力を認めたのである。コスタリカの中立に関する大統領宣言がこの定式にあてはまるかどうかは改めて検討を要するが、コスタリカ最高裁判所は、二〇〇三年のイラク戦争に支持を表明したコスタリカ政権の行為が憲法や国際法に反するとして争われた事件で、ＩＣＪのこの見解に依拠して、中立宣言が国際関係において法的拘束力を伴うものであることを指摘していることが注目される。

なお、コスタリカは、アメリカ主導の軍事同盟である米州相互援助条約（リオ条約）に加盟しており、形式論からいえば、永世中立国の義務に違反するといえる。しかしリオ条約を批准するにあたり、コスタリカは、海外派兵を拒否する旨の宣言を行っている。またリオ条約はすでに機能不全に陥っているといわれていることに加え、国連の地域版ともいうべき米州機構にリオ条約が取り込まれている現状においては、永世中立の義務に違反すると結論づけるのは早計であろう。

トルクメニスタン型（国連総会承認型）

中央アジアに位置するトルクメニスタンは、ソ連から独立した翌一九九二年に国連加盟を果たし、その外交政策に永世中立を据えることを同年の欧州安全保障協力会議で宣言した。トルクメニスタンが永世中立国を選択した背景には、中央アジア諸国のなかでも小国であり、とりわけ防衛能力の弱い国家であったことや、独立後エネルギー供給でなお依存関係にあったロシアの影響力を排除したい意図があったといわれている。*8

一九九五年三月には、中東・中央アジアの一〇カ国からなる経済協力機構（ECO）で、大統領が永世中立国の義務を受け入れる宣言を発した。ECO加盟国は、これを支持する準備があることを表明し、のちにロシア、フランス、イギリス、中国などからも支持が寄せられた。同年一〇月には、第一一回非同盟諸国首脳会議において、全会一致でトルクメニスタンの中立が支持された。そして、一九九五年一二月の国連総会で、永世中立の地位を全会一致で承認・支持する決議の採択を迎えたのである。総会決議は一般に法的拘束力がないため、総会決議での永世中立の承認によって、ただちに国際法上の永世中立国となったといえるかは必ずしも明らかではないが、全会一致ですべての加盟国がトルクメニスタンの永世中立に承認を与えた意義は大きい。

なお、二〇一五年の国連総会で、モンゴルが永世中立国となる意向を表明し、法整備に着手する方針であることが報道された（神戸新聞、二〇一五年一〇月一六日）。二〇一六年三月に行われた駐日モンゴル大使の記者会見のなかで、大使は、法整備のあと、国連決議によって永世中立の承認を求める方針であると述べた。これが実現されれば、トルクメニスタンにつづいて二例目となり、その動向が注目される。

平時に負う永世中立国の義務

永世中立国の権利および義務は、他国の承認によって発生するが、永世中立国が行使できる権利については、スイス型にある、中立の保障を締約国に求める権利を除くと、新たなものはほとんどない。例えば、永世中立国は承認国に対して、領土の独立と不可侵権を主張できるが、このような権利はどの国家にも与えられた権利であり、永世中立国特有の権利とはいえない。したがって、永世中立国の権利義務関係の説明では、義務の側面が強調されることになる。それは、歴史的に永世中立制度が永世中立を志向する中小国と列強との間で生み出されたために、いきおい大国の要求に押されてきたからである。こうした義務を受け入れたうえでなお、永世中立を選択する国家が存在する（少しずつだが今なお増えている）のは、戦争に巻き込まれることなく、国家の存続を図るには、永世中立を選択することが望ましいと考えられてきたことによる。

永世中立国が戦時中立義務を当然に負うことはすでに述べたので、ここでは平時に負う義務をみていくことにしよう。平時に永世中立国が負う義務は、大別すると、「戦争・武力紛争を開始しない義務」、および「戦時中立義務の履行を不可能にする行動をとらない義務」にわけることができる。なお、平時に負う義務として、右の二つの義務に加えて、中立と独立を擁護・防衛する義務が挙げられることがある。中立と独立の擁護・防衛義務をどのように実現していく必要があるかという観点から、永世中立国は、武装中立を要求されるとする主張がある。この点については、第三章で検討していくことにする。

戦争・武力紛争を開始しない義務

永世中立国は、自衛の場合を除いて、いかなる戦争・武力紛争にも訴えてはならない義務がある。また、この義務の帰結として、他国のいかなる戦争にも参加しない義務が課せられる。もっとも、不戦条約や国連憲章が戦争・武力紛争を違法化して以降、この義務は、永世中立国だけに課せられたものではなくなった。しかし、他国の戦争に参加しない義務は、次の点から永世中立国特有のものである。すなわち国連憲章は、武力行使を原則禁止したうえで（二条四項）、個別的・集団的自衛権を国家による武力行使の例外として認めている（五一条）。永世中立国が自国防衛のために個別的自衛権を行使できる点は他の国家と変わりない。では、集団的自衛権はどうか。集団的自衛権は、自国以外の他国に対する武力攻撃に対して反撃する権利であり、国連憲章ではじめて取り入れられた。集団的自衛権は、個別的自衛権と同じように、国家に固有の権利ではあるが、それは結局のところ、他国の戦争に参加することを意味する（集団的自衛権については第五章第三節を参照）。したがって、他国への戦争にかかわることを禁じられる永世中立国は、集団的自衛権に基づく戦争に参加することは許されない。永世中立国が武力行使を認められるのは、自国を防衛する個別的自衛の場合に限られるのである。

戦時中立義務の履行を不可能にする行動をとらない義務

戦争が発生した場合、永世中立国は戦時中立の立場に立つことを義務づけられるが、それだけにとどまらず将来発生するあらゆる戦争に巻き込まれないようにするために、平時から一定の義務を負っている。

ひとつは、将来の戦争に巻き込まれる可能性のある軍事同盟に加入しない義務である。軍事同盟への加入は、対立する国家（群）との間で戦争が発生した場合、同盟国とともに戦争に参加せざるを得なくなるためである。もっとも、相互的な軍事援助を義務づけられるのではなく、一方の同盟国のみが他方を援助する義務を負う片務的な性質の同盟関係である場合、永世中立国が援助義務を負わない同盟国として加入することを条件として、そのような同盟条約を締結することは認められる。なぜならば、このような同盟条約は、永世中立を保障した国家が永世中立国の独立と中立を守ることを保障するスイス型の永世中立条約と同じだからである。

また、NATOに代表される多くの同盟は、同盟国に対する攻撃があった場合、国連憲章五一条の集団的自衛権に基づく集団防衛の機能をもっている。永世中立国は、集団的自衛権を根拠とする戦争への参加を禁じられているために、集団的自衛権を基礎とする同盟に加入することは、やはり許されない。このことと関連して問題なのは、欧州連合（EU）の共通外交・安全保障政策（CFSP）ないし共通安全保障・防衛政策（CSDP）[*9]へのオーストリアの関与である。CSDPを定める欧州連合条約（リスボン条約）は、加盟国が侵略された場合、国連憲章五一条の集団的自衛権にしたがい、あらゆる手段の援助を他の加盟国に義務づける相互援助条項の規定を設けた（四二条七項）[*10]。オーストリアは、EU

における共通安全保障政策に参加するための規定を憲法に加える改正を行ったあと、一九九五年にEU加盟を実現した（一九九五年のCFSP参加の詳細については第四章第三節を参照）。憲法改正によって国内法上は永世中立との抵触を避けることができたとしても、国際法が要求する集団的自衛権を根拠とする同盟参加の禁止義務に違反するように思われる。しかし、リスボン条約の条項には、おそらくはEU加盟国のなかの中立国を想定して、個々の加盟国の安全保障政策の特別性を害さないとする文言が付加されていることに注目する必要がある。オーストリアは、この文言のもと、永世中立政策を理由に集団的自衛の義務から免れることがいまのところは可能である。しかし、今後EUが軍事的側面を強めた安全保障政策を深化させていけば、永世中立の地位との抵触は避けられないだろう。

二つ目の戦時中立義務の履行を不可能にする行動をとらない義務は、自国領域内に外国軍基地の設置を認めない義務である。中立国は、前述したように、その領域を交戦国に利用させてはならない防止義務を負っている。永世中立国は、この防止義務の履行を戦時において実現するために、平時からその領域内に他国の軍事基地を設置させてはならない。

最後に、国連などの集団安全保障制度へ加わることも従来永世中立国には認められないと考えられてきたが、この議論については、やや詳しく以下で検討する。

国連の集団安全保障と永世中立国

永世中立制度は、国家の独立と領土を外国から脅かされないようにする安全保障の一形態であり、国際連盟や国連で採用された集団安全保障よりもその歴史は古い。しかし、両者が併存する状況が国際連盟発足で現実となったとき、永世中立国でありながら集団安全保障機構の加盟国となりうるのかが問題となった。違法に戦争に訴えた侵略国に対して集団安全保障機構が科した制裁に加盟国として参加することは、公平性原則を基礎とする中立国の義務に反することは、前に述べたとおりである。しかし、加盟国となればこのような制裁に参加しなければならなくなる可能性があるため、永世中立国は、集団安全保障機構である国際連盟や国連に加入してはならないと考えられてきたのである。

国際連盟が設立された際、スイスは連盟に加盟したが、スイスの永世中立と連盟の集団安全保障体制がどのように調整されたかはあとで検討するとして（第二章第四節）、ここでは国連の体制と永世中立国との両立性について焦点をあてたい。

オーストリアは、永世中立国となった一九五五年、国連への加盟を申請し、これが承認され、同年、国連加盟国となった。そのため、いかなる点で永世中立と国連の集団安全保障が具体的に両立し得ないかが議論されるようになった。具体的に抵触する部分の検討を通して、永世中立制度の再検討が行われたのである。

そこで結論づけられたのは、国連の集団安全保障の核心である非軍事的強制措置（経済制裁）と軍事的強制措置（軍事制裁）への参加を安保理が永世中立国に義務づけたとき、永世中立の地位と抵触してしまうというものであった。ただし、軍事的強制措置への参加は、安保理と特別協定*11を締結してはじめて加盟国の義務となるが、加盟国は、特別協定の締結を自国の憲法上の規定を理由にして拒否することができる（国連憲章四三条三項）。したがって、永世中立国は国連憲章の規定にしたがって、軍事的強制措置への参加を拒否することができるのである。また湾岸戦争の際の多国籍軍のように、安保理が一部の加盟国に武力行使を授権する場合、多国籍軍に参加するよう安保理から強制されることはないので、永世中立国はその地位にとどまることができる。安保理が加盟国に非軍事的強制措置を勧告・要請する場合も同様である。

つまり、実際に永世中立の地位が強制措置によって制限を受けるのは、非軍事的強制措置を安保理が義務づけた場合だけであり、非軍事的強制措置を安保理が勧告・要請する場合や軍事的強制措置が決定された場合、永世中立国はその地位を維持できる。

これに対して、非軍事的強制措置を義務づける場合、国連憲章上、安保理が一部の加盟国を免除できる規定はあるものの（四八条一項）、安保理は、ほとんどすべての事例において、非軍事的強制措置の参加をすべての加盟国に要求している。したがって、永世中立国といえども、加盟国として非軍事的強制措置に参加しなければならず、この限りで永世中立の地位に抵触することになる。

ここで問題なのは、永世中立国が義務的な非軍事的強制措置に参加したとき、これを永世中立国の義務に違反したとみるべきかどうかである。これまでのところ、永世中立国の非軍事的強制措置参加が永世中立国に課せられた義務に反するとの主張は、安保理からも他の国家からもなされていない。また、冷戦終結後、国連の集団安全保障が活発に利用されるようになり、スイスやオーストリアは、安保理の強制措置を国内における「法執行措置」(いわゆる警察行動)と同じ性格のものとみなすようになった。そして国家間の戦争をもとにしてつくられた伝統的な中立法は、国連の強制措置には適用されないという認識を示したのである。[*12]

暫定的な結論としては、加盟国を拘束しない軍事的強制措置への参加まで許されるかどうかは別にして、少なくとも非軍事的強制措置に永世中立国が参加しないことはもはや永世中立国の義務ではなくなり、義務の内容が変更されたとみるのが妥当だろう。

中立主義国

中立主義国の特徴

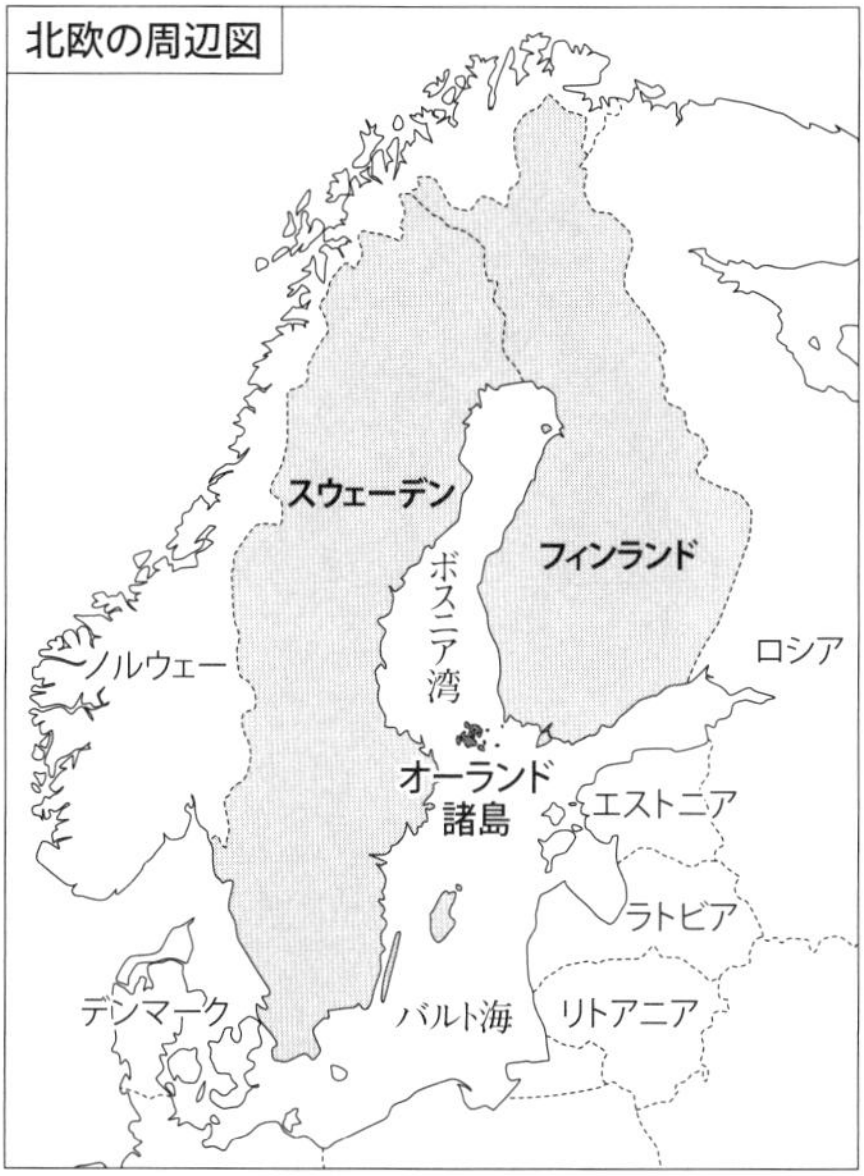

中立主義国は、国際法上の永世中立国が負う義務を自国の外交政策として追求しつつも、いつでもその外交政策を変更・放棄できる国家をいい、「事実上の永世中立国」とも呼ばれる。中立主義国には、スウェーデン、フィンランド、アイルランドがある。かつてはデンマーク、ノルウェーも中立政策を国是としてきたが、第二次世界大戦後にNATOに加盟したため、中立主義を放棄したとみられている。

現在のフィンランド、エストニア、ノルウェーの一部までを領土としたバルト帝国が一七二一年に崩壊したあと、小国に転じたスウェーデンは、ナポレオン戦争での戦闘を最後に、自国の安全保障を中立政策にゆだねてきた。第二次世界大戦では、ドイツ軍の領域通過を許可するなど戦時中立違反がみうけられたが、全体としては中立国の立場にとどまっていたといえる。戦後も中立政策を維持し、「戦時の中立を目的とした、平時の非同盟」原則を冷戦期に確立した。

フィンランドの中立政策は、冷戦期に自国の存続を図るために採用された安全保障戦略であったが、それはほかならぬ隣国ソ連の理解を得られる唯一の選択肢だったからである。フィンランドがソ連の良き隣人であるために、そして、ソ連の安全を西欧から保障するために、フィンランドが中立国となるのはソ連にとって死活的に重要であり、これがかなわなければフィンランドの独立そのものが危ぶまれたのである。その意味で、フィンランドの中立は、ソ連によって強いられた中立ともいえる。

アイルランドの中立政策は、第二次世界大戦においてイギリスとドイツの間で戦時中立を宣言したことにはじまる。冷戦期においても、北アイルランド問題を抱え反英感情がくすぶるアイルランドは、NATOの原加盟国としての参加をアメリカから打診されたとき、政治的にも法的にもNATO加盟を妨げる障害はないが、アイルランドのNATO加盟は、イギリスが北アイルランドから撤退することが条件であるとして、加盟要請を拒否した（一九九八年のベルファスト合意まで、アイルランドは北アイルランドの領有を主張していた）。イギリスとの確執がアイルランドの中立政策の特徴のひとつであったといえる。

中立主義国のすべてに共通しているのは、平時から中立を守ることができる態勢を整えている点では永世中立国と変わるところはないが、中立主義国は平時において何ら国際法上の義務を負わない点である。また、必要であれば中立政策を自国の自由意思によって放棄することもできる。かつて、スウェーデン国内で、中立政策を諸外国の保障のもとに置き、国際法上の永世中立国になるべきであるという提案がなされたことがある。しかし当時の政府は、スウェーデンが永世中立国となれば他国の保護のもとに置かれることになり、自国の外交政策を諸外国にゆだねてしまうことになるので受け入れられないとしてこの提案を拒否した。このことは、自国の自由意思によって中立政策を放棄（あるいは継続）できることをよく示している。

非同盟と中立主義国

非同盟運動を推し進める国家が中立主義国のなかに加えられる場合もある。非同盟とは、第二次世界大戦後すぐにはじまった冷戦構造において、アメリカを中心とする西側グループと、ソ連を中心とする東側グループのいずれの軍事ブロックにも属さない中小国の立場をいう。一九六一年にインド首相ネルー、ユーゴスラビア大統領チトー、エジプト大統領ナセルが中心となって、ユーゴスラビアの首都ベオグラードで第一回非同盟諸国首脳会議が開催され、二五のアジア、アフリカ、ラテンアメリカ、一部の社会主義国（ユーゴスラビアなど）が参加した。おおむね三年ごとに開催され、現在では一二〇ほどの国家が加盟している。

第一回非同盟諸国首脳会議を開催するための準備会議がカイロで開かれたとき、非同盟諸国首脳会議に出席できる国家の五つの参加資格が提示された。

①政治・社会体制の異なる諸国家の共存および非同盟に基づく独自の政策の遂行またはその政策実施の意思を示すこと
②民族独立運動を一貫して支持すること
③大国間の対決を背景に締結された多国間軍事同盟に加盟しないこと
④大国との二国間軍事協定を締結しないこと
⑤外国へ軍事基地を提供している場合、その提供が大国間の対立との関連でないこと

第一回会議で採択された宣言は、①の平和共存・非同盟と②の反植民地主義を強調している。したがって、これらが非同盟国の本質的要素とされるのであるが、③と④の軍事同盟、同盟条約に加盟してはならないとする基準から、中立主義の要素も加味されていることがわかる。しかし、③と④がいう中立主義は、大国との間で軍事同盟や同盟条約を締結しないことに限定されており、中小国間での軍事同盟、同盟条約の締結は資格要件に入っ

ていない。また、⑤の軍事基地の提供に関しても、それは大国への提供が禁止されているだけで、中立国が負う軍事基地提供の禁止よりもゆるやかである。この点で、中立主義の思想は、やや後景に追いやられている感がある。

変わりゆく現代の中立主義国概念

冷戦終結に伴う国際環境の変化は、伝統的な中立主義国に中立政策を放棄、あるいは修正させるきっかけとなった。中立主義国が中立維持に固執しなくなったのは、東西対立がとけ、中立主義国にとって脅威であったソ連が消滅したことにより、少なくとも自国周辺において戦争が発生する可能性がなくなったことにある。こうしたことを背景として、スウェーデンとフィンランドはともに、一九九五年にCFSP／CSDPを主要な政策分野とするEU加盟を果たした。両国は、かねてよりEUの安全保障・防衛政策に留保をつけることなく積極的にかかわることを表明しており、集団的自衛を義務づけるリスボン条約の相互援助条項にまで両国がかかわっていくのか注目される。現状では、相互援助条項の運用に関して、中立国に配慮して各加盟国の個別の安全保障政策を尊重することになっているが、この条項が中立政策の根幹に触れることは否定できない。

二〇〇二年のスウェーデン政府の報告書は、自国周辺地域で戦争が発生した際には中立が維持されるが、もはや中立は過去の原則であり、（軍事的）非同盟が現在のスウェーデンの安全保障政策の原則であると位置づけた。フィンランドもスウェーデンと同じく、中立政策から軍事的非同盟政策へとシフトしている。フィンランド政府は、軍事的非同盟政策とは従来の中立政策の核心部分であると指摘しており、EUによる安全保障・防衛政策への関与は、軍事的非同盟政策の妨げとはならないとみなしている。中立主義国はこれまで、中立政策を「政治的非同盟政策」「経済的非同盟政策」「軍事的非同盟政策」の三つで構成していた。しかし冷戦終結を受けて、政治的・経済的非同盟政策を放棄して、中立政策の核心である軍事的非同盟政策のみに基づくようになったのである。したがって、政治的・経済的な結びつきを強めるEUに加盟することも、EUの安全保障政策にかかわることも、中立主義国の新たな政策と矛盾しないと結論づけられた。

また、ヨーロッパの中立主義国はいずれも、NATOが一九九四年に創設した「平和のためのパートナーシップ」（PfP：Partnership for Peace）に参加している。現在のところ、NATOとPfP参加国との連携は、平和維持活動、災害援助、人道援助活動などにとどまっており、PfP参加国には、NATOの主要目的である共同防衛（集団的自衛）の義務は課せられていない。したがって、非同盟政策との整合性は一応保たれているように思われる。しかし、NATOとの関係強化だけでなく、集団防衛的な要素のある相互援助義務を定めるEUの安全保障政策への無条件の参加は、中立政策の核心である非同盟政策の否定にもつながるとの懸念がある。

EUやNATOとの軍事的コミットを深めているのは、中立主義国のみならず、後述する永世中立国にもみられる傾向である（第四章第三節を参照）。これらの中立国が軍事面のかかわりを深めているのは、戦争に巻き込まれるおそれがほぼなくなったともいえる冷戦後においても、安全保障体制を量的・質的に拡大し強化してきたEUやNATOとの間に、中立維持を目的に距離を置いてしまうと、自国が国際社会のなかで孤立してしまうのではないかという危機意識をもっているからである。また、国際テロや核兵器の拡散など新たな脅威が冷戦終結後に顕在化し、これらの課題に対する取り組みを強化してきたEUやNATOと協力・連帯する必要に迫られたことも、軍事面での関与を強めた要因といえるだろう。

＊1　交戦国には敵側の戦争遂行能力を断つため、公海上または交戦国の領海内において海上捕獲権が与えられた。具体的には、戦時禁制品や封鎖制度によって中立国の通商の自由が一定程度制限された。戦時禁制品とは、交戦国の軍事作戦を有利にしたり軍事力の増強に役立つ物品をいう。敵側は、この戦時禁制品を合法的に捕獲することができる。また、封鎖制度とは、敵側の海上交通を防止するために設定された封鎖線をこえて敵地へと向かう船舶を捕獲する制度をいう。

＊2　臨検とは、戦時禁制品などを積んだ船舶を捕獲する際、捕獲理由の有無を確認するために交戦国が船舶の書類を検査することをいう。

＊3　中立国の領海においては、中立国の領土の場合と異なり、交戦国の軍艦の通過を防止する義務は中立国に課せられていない。中立国にとっては、海上で交戦国の通過を防止する義務を果たすことが困難であったからである。

＊4　国連憲章一条二項で「人民の同権及び自決の原則」が謳われ、一九六六年の「経済的、社会的及び文化的権利に関する国際規約」および「市民的及び政治的権利に関する国際規約」の共通一条で、「すべての人民は、自決の権利を有する。この権利に基づき、すべての人民は、その政治的地位を自由に決定し並びにその経済的、社会的及び文化的発展を自由に追求する」と規定して、自決権を承認した。

＊5　国連総会――その多くは途上国で占められている――は、国際法上の権利である民族自決権を否定する本国――その多くは先進国である――にはいかなる援助も与えず、自決権を行使する人民に援助を与える必要があるとする決議を採択したことがある。この主張が支配的となれば、民族解放戦争において第三国が公平な態度をとることは難しくなるだろう。

＊6　スイスは、この議定書の締約国ではないため、永世中立の放棄に関して、いつでも一方的に永世中立を放棄できるとみる見解や、永世中立の放棄には八カ国の同意が必要であるとする見解があり、論争の原因となっている。

＊7　ロカルノ条約とは、イギリス、フランス、ドイツ、イタリア、ベルギー、ポーランド、チェコスロバキアの七カ国がスイスのロカルノで署名した地域的集団安全保障条約である。ベルギーの

永世中立の廃止のほかに、ドイツ・ベルギー間、ドイツ・フランス間の相互の攻撃禁止や、ヴェルサイユ条約において非武装地帯となったラインラントの再確認と非武装の強化なども定められた。

＊8　トルクメニスタンの永世中立化は、大統領による独裁政治を安定的に維持するために、トルクメニスタンの内政への国際的な干渉を回避できる孤立主義的な外交政策として採用されたとの指摘もある。

＊9　一九九三年のマーストリヒト条約で導入された共通外交・安全保障政策（CFSP）の一部として、一九九九年に平和維持や人道支援活動を実施する欧州安全保障・防衛政策（ESDP）が推進されることとなった。さらにリスボン条約がESDPを共通安全保障・防衛政策（CSDP）と改称したうえで、CSDPはCFSPの不可分の一部とされた。

＊10　二〇一五年一一月一三日に発生したパリ連続テロ事件で、四二条七項の相互援助条項がはじめて発動された。

＊11　軍事的強制措置の発動は、国連軍によって実行されるが、国連は自前の軍隊をもたないため、加盟国による軍事力の提供によらなければ国連軍を編成することができない。特別協定は、国連軍の編成のために安保理と各加盟国との間で締結されるもので、これによって兵力、援助、便益の提供が加盟国に義務づけられる。なお、特別協定は国連創設以来、一度も締結されていない。

＊12　スイスの見解は、湾岸戦争終結後の一九九二年に示されたものであるが、当時のスイスは、国連に加盟していなかった。その一〇年後の二〇〇二年、スイス政府は、中立国として国連に加盟することを明言し、国連加盟を果たした。

第二章　中立国、その歴史

戦争に参加することを望まない第三国が戦時中立国となるのは、主として通商上の利益を得ようとしたり、自国の存続や安全を確保するためであったのは、第一章で述べたとおりである。平時において中立政策を追求する永世中立国や中立主義国がその立場を選択する理由も基本的には同じである。では、このような事情をもつ中立国は、歴史的にどのようにして認められてきたのであろうか。

中立を選択する国家の多くは中小国である。したがって、このような国家が中立という選択をする場合には、大国による承認が必要となることもある。歴史上存在した中立国は、大国からの強制ではなく、真に自らの意思に基づいて中立国という選択をしてきたのであろうか。本章では、このことを明らかにしていきたいと思う。そこで、「中立」という用語が出現した古代を出発点とし、中立国概念や中立制度が激しく動揺した二つの世界大戦から冷戦までの時代を、形成期、確立期、動揺期の三つにわけて見渡していく。なお、動揺期で言及すべき中立と戦争違法化や国連の関係については、第一章ですでに詳しく検討しているので、ここでは省略する。

一　形成期

古代――ペロポネソス戦争

前述したように、伝統的な中立制度が確立するのは一九世紀半ば頃からであるが、「中立」自体の歴史は、古代ギリシャの時代にまでさかのぼることができる。アテナイとスパルタとの間で争われたペロポネソス戦争（紀元前四三一年〜前四〇四年）についてトゥキュディデスが著した『歴史』[*1]のなかには、いくつかの都市国家による中立的態度が記されている。例えば、第二巻九章には、スパルタとアテナイ両陣営の同盟都市に関する次のような記述がある。

「……ラケダイモン人（筆者注：スパルタ）の同盟諸都市は以下のとおりである。アルゴスとアカイアを除く「地峡《イスモス》」内のペロポネソス全土（アルゴスとアカイアは中立で、ペレネだけがアカイアの例外として最初に戦いに加わったが、後にはアカイア全体がこれにならった）、ペロポネソス以外では、メガラ、ボイオティア、ロクリス、ポキス、アンプラキア、レウカス、アナクトリオンが数えられる。……以上がラケダイモン人の同盟都市である。アテナイのそれは、キオス、レスボス、プラタイア……であった」（傍点筆者）。

もっとも、ギリシャ都市国家による中立の意味するところは、偶然あるいは無関心の結果だったのであり、権利義務の担い手としての現在の中立国とはまったく異なる。

中世――正戦論、コンソラート・デル・マーレ

中世になると、神学者や法学者たちによって正戦論が展開された。正戦論とは、戦争を正しい戦争と不正な戦争に分類し、前者の戦争のみが許されるとする理論で、アウグスティヌスや、のちに「国際法の父」と呼ばれるグロティウスなどによって主張された。正戦論を体系化したトマス・アクィナスによれば、①戦争命令を下す君主の権威、②正当な原因（復讐されるべき不正の存在）、③交戦者の正しい意図という三つの要件を備えた戦争は、正当な戦争であるから罪に問われることはない。これを戦争に参加しない第三者の側からみれば、不正な側への援助は禁じられ、正当な側に援助すべき義務が課せられる。したがって、正戦論の立場に立てば、正当な側にも不正な側にも与しない中立の立場をとることは許されないはずであった。しかし、理論としては正戦論がこの時代に支配的であったとしても、実際には戦争に巻き込まれることを望まない第三国は、交戦国と平時の関係を確保・維持しようとした。例えば、一三〇三年のイギリスとフランスの条約や一三五三年の

イギリスとポルトガルの条約では、両国のいずれかが他国と戦争になったとき、他国に援助をしないことを約束し、戦争に参加することがないようにした。とはいえ、中世にみられる中立は、交戦国のいずれにも属さないという以上の意味はなく、今日的な中立国概念が芽生えているとはいえない状況であった。

しかし、中世末期に地中海の商人間で行われていた海事慣習を法典化した「コンソラート・デル・マーレ」（Consolato del Mare）は、のちの中立制度の確立に大きな影響を与えた点で重要である。コンソラート・デル・マーレでは、船舶貨物の海上捕獲の基準を、貨物の所有者が敵に属するか戦争の局外にある者に属するかで判断し、前者の貨物のみ捕獲の対象とすることが定められていた。これはのちに、イギリスやスペインの採用するところとなり、中立通商の自由の形成に深くかかわった。

一五世紀〜一六世紀――交戦国による制限

一五世紀から一六世紀には、大航海時代の到来による海上貿易の発達を背景に、交戦国と平時の関係を維持しようとする国家は、ますます中立に関心を強めていった。他方、交戦国にとって中立国が敵国側との通商を維持することは、戦争を続けていくうえで見過ごせない。そのため、交戦国が中立国や中立国国民の通商を制約する措置がしばしばとられるようになる。一五四三年にフランスがとった敵性感染主義はそのひとつである。それによれば、中立国の船（中立船）であっても敵貨物を運んでいる場合は、敵船になった（敵船に感染した）とみなされ、中立船に積まれた貨物は没収された。また、交戦国が中立国国民の通商を全面的に禁止する措置がとられることもあった。スペインとの独立戦争においてオランダは、一五七七年と一五八四年にスペイン領ネーデルラント（現在のベルギーを中心とした地域）との通商を、さらに一五九九年にスペインとの通商をすべて禁止する措置をとった。また、一五八五年にはじまった英西戦争において、イギリスがスペインと第三国との通商を全面的に禁止する措置をとったのも、この例にあたる。しかし、戦時に交戦国と通商を行うことで莫大な利益を期待する国家にとってみれば、このような措置は到底容認できるものではなかった。とりわけスペインとの通商関係を深めていた、北ドイツの都市を中心としたハンザ同盟加盟都市は、イギリスの全面的な通商禁止の措置にもかかわらず、これに抗議し、スペインとの通商を継続した。こうして交戦国と中立国の利害の衝突がたびたび起こるようになり、両者の利害を調整する必要が生じてくるのである。

一七世紀～一八世紀——自由船自由貨主義、武装中立同盟、アメリカの中立

交戦国と中立国の利害を調整する動きは、一七世紀中頃から一八世紀になって、多くの

二国間条約でみられるようになる。これらの条約には、一方の条約当事国（B国）が他国（C国）と戦争をはじめた場合、他方の条約当事国（A国）の国民（中立国国民）は、交戦国との通商を自由に行うことを認めるといった条項を盛り込んでいた（図1参照）。その代表的な条約が三十年戦争終結後にフランスとスペインとの間で締結された一六五九年のピレネー条約である。その他には、一六四六年のオランダとフランスの条約、一六五〇年のオランダとスペインの条約、一六六二年のスウェーデンとイギリスの条約などがあり、当時海上通商に強い関心をもっていた国々によって多数採択されている。こうした条約の多くは、敵国の船舶に積まれた中立国貨物は捕獲されないが、中立船に積まれた敵貨物はすべて捕獲するとするコンソラート・デル・マーレ方式（貨物の所有者を捕獲の基準とする）ではなく、中立通商の拡大につながる「自由船自由貨」主義を採用していた。

自由船自由貨主義は、捕獲の基準を敵国の船か中立船かで判断するもので、敵国の船舶に積まれた貨物は、たとえ敵国国民の貨物でないとしても捕獲の対象となるが、敵国の船舶以外の船（これを自由船という）、すなわち中立船に積まれた敵国国民

図1

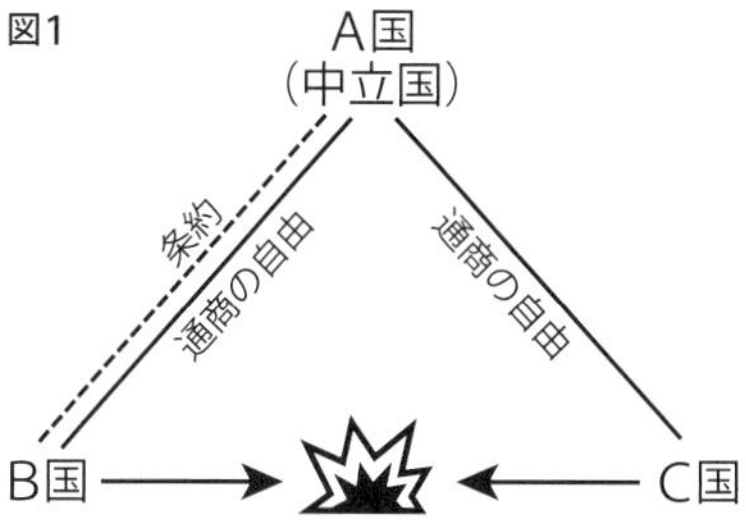

の貨物であっても、それが戦時禁制品でなければ、敵国の貨物として扱われず捕獲されない（自由貨は捕獲されない）という原則である。

戦時における中立通商の自由を確保しようとする傾向は、一八世紀後半においても変わることはなく、第一次武装中立同盟（一七八〇年〜八三年）が、戦争に巻き込まれることを望まず、中立によって商業的発展を目論む諸国によって結成された。武装中立同盟は、アメリカ独立戦争の際に、イギリスが中立船を捕獲したことに対抗して、この戦争に中立を宣言していたロシア帝国のエカチェリーナ二世が提案したことにはじまり、原参加国はロシア、スウェーデン、デンマーク、のちにプロシア、ポルトガルなど八カ国の中立国が参加した。そこでは、中立国による通商の自由を確保するため、自由船自由貨主義を含んだ基本原則が採用され、この基本原則を守るために海軍力を準備することが約束された。交戦国のほうでは、アメリカに加担して参戦していたフランスがいち早く武装中立同盟支持を表明し、自由船自由貨主義を当初否定していたもう一方の交戦国イギリス[*2]ものちに尊重するようになった。

さらに、ナポレオン戦争の際、第二次武装中立同盟（一八〇〇年〜〇二年）がロシア、デンマーク、スウェーデン、プロシアによって結成され、第一次武装中立同盟とほぼ同じ原則を交戦国に対して主張した。しかし、フランスとたたかっていたイギリスは、武装中立がイギリスを敵視するものであるとみなして、ロシアやスウェーデンの船舶を抑留する措置に出た。またイギリスは、デンマークに対しては武装中立同盟からの離脱を要求し、これに応じないデンマークを攻撃した。イギリスの強硬な態度に第二次武装中立同盟は成果を上げることができずに崩壊した。しかし先に指摘したように、多くの諸国間の条約にすでに現れていた自由船自由貨主義は、二度の武装中立同盟で採用されたあと、一八五六年のパリ宣言にも引き継がれ、伝統的な中立制度の不可欠の要素となった（パリ宣言については本章第三節を参照）。

中立制度の成立に重要な貢献をした、アメリカのヨーロッパ大国に対する態度にも言及しておく必要がある。この頃のアメリカは独立して間もない小国であり、ヨーロッパ大国間の戦争に巻き込まれることを避けるため、独立当初から孤立主義をその外交政策に置いていた。中立はこの孤立主義を実践するものであり、フランス革命戦争のさなかである一七九三年、アメリカ大統領ジョージ・ワシントンは中立を宣言し、交戦国に対して友好的かつ公平に接することを表明した。翌一七九四年には国内の中立法を制定し、アメリカ領域内での外国軍隊への入隊、外国軍艦の戦闘力の増強、交戦国に向かうための軍事的遠征の準備を禁じるなど、中立を維持するための法整備を行った。アメリカ中立法は、一八一七年に中立違反の処罰を強化するための改正を経て、一八一八年には同法が内戦においても適用されるとする改正が行われ、アメリカの中立政策を支えた。*3　こうした国内中立法制定の動きは、諸外国でもみられるようになり、中立法を通じた諸国の中立の態度の積み重ねが、伝統的な中立制度の成立に大きく貢献したと評価されている。

二　ナポレオン戦争

ヨーロッパ全域を巻き込んだナポレオン戦争（一七九六年〜一八一五年）は、フランス革命で各地にもたらされたナショナリズムの高まりから、それまで軍隊の主流であった傭兵《ようへい》部隊に代わって国民軍が総力戦を展開する戦争であった。このような大規模な戦争では人口などの面から圧倒的に不利な立場に置かれる小国は、戦争に参加するよりも、永世中立国や中立主義国として、平時においても中立政策をとることが自国の存続や独立を確保する手段として有効であることを自覚するようになった。現在でも永世中立国や中立主義国として知られるスイスやスウェーデンは、この時期に自国の中立政策を確立している。

スウェーデンとデンマークの中立主義

一七九四年に中立同盟を締結していたスウェーデンとデンマークは、ナポレオン戦争がはじまると中立を宣言し、のちにロシア、プロシアと第二次武装中立同盟を結び、交戦国双方から通商上の利益を得ていた。しかしその後デンマークは、イギリスからの圧力に対抗して逆にフランス側から参戦し、ロシアにフィンランドを奪われたスウェーデンは、ノルウェーの獲得を画策してロシアと同盟を結び、フランス、デンマークとたたかうことになる。この戦争で、デンマークはノルウェーを失い、スウェーデンはノルウェーを得たもののフィンランドを失ったのであるが、軍事的小国は、大規模な戦争にあっては交戦国となったとしても得られるものが少ないことを両国とも痛感した。交戦国として参加することは、多大な損害を被るだけで、場合によっては国家の存続そのものを危ぶませるものであることを自覚したのである。とりわけスウェーデンは、ナポレオン戦争での経験が教訓となり、それ以後の戦争に交戦国として参加することはなく、中立政策をスウェーデンの外交政策として定着させていく。デンマークもナポレオン戦争によって中立志向を強め、一八六四年、デンマーク領であったシュレスウィッヒ、ホルスタインの領有をめぐってプロシア、オーストリアとたたかうが、その戦争に敗北したあと、中立政策を推進していくことになる。

スイスとクラカウの永世中立

一六七四年のフランスとオランダの戦争ではじめて中立を採用したとされるスイスは、それ以来中立を慣例として実行していた。スイスは、この慣例にしたがいナポレオン戦争に対しても中立を宣言していた。しかし、一七九六年、北イタリアを征服したフランスは、フランス―北イタリア間の安全なルートを確保するために、スイスを侵略し傀儡《かいらい》政権である「ヘルヴェティア共和国」を樹立させた。ナポレオン体制が崩壊したあとのヨーロッパ再建を協議するウィーン会議（一八一四年～一五年）に臨んだスイスは、自国の中立がヨーロッパ全体の安全保障につながることを強調し、一八一五年にオーストリア、プロシア、ロシア、イギリス、フランス、ポルトガル、スペイン、スウェーデンの列強八カ国から承認と保障を得て永世中立国となった。

フランスによる中立侵犯にもかかわらず、スイスが中立の道を選択したのは、スイスが地理的にヨーロッパ中央に位置し、そのために軍事戦略上大国からの干渉の対象となりやすく、小国スイスにとっては中立によらなければその独立を保てないと判断したからである。他方で、スイスの永世中立を承認・保障した列強国の側にもスイスの永世中立は利するところがあった。スイスを取り囲む列強間で戦争が起こったとしても、スイスが中立国

スイス・オーストリアの周辺図

であることで、スイスに侵入した敵国の攻撃を計算に入れずに済むからである。スイスの永世中立を承認・保障した議定書に、「スイスの中立及び不可侵並びに全ての外国勢力からの独立が全ヨーロッパの政治体制のため真に有益であること」を宣言しているのは、こうした背景に基づいている（傍点筆者）。

なお、ウィーン会議での協議を経て、ポーランドの一部であるクラカウ自由市を永世中立国（クラカウ共和国）とする条約が一八一五年にロシア、プロシア、オーストリアの間で採択された。その後に起きたポーランド独立運動がクラカウにも波及したため、右三国がこの反乱を鎮圧し、一八四六年にオーストリアに併合され、クラカウは消滅した。

マルタの永世中立

地中海中央にあるマルタは海上戦略上重要な位置にあり、一六世紀中頃からセント・ジョーンズ騎士団（マルタ騎士団）の領有のもとにあった。その地理的重要性からイギリスとフランスの間で争奪戦が繰り広げられ、一八〇二年、イギリスの占領下にあるとき、両国はアミアン講和条約を締結し、マルタを永世中立国とすることに合意した。イギリスとフランスにとって、地中海の制海権を得ることは死活的に重要であったために、両国はマルタをいずれの支配下にも置かないことに了解し、マルタの統治権を、もとの領有者であったセント・ジョーンズ騎士団に返還することとしたのである。そして、いかなる国家もマルタを支配下に置くことができないように、イギリス、フランス、オーストリア、プロシア、ロシア、スペインの列強六カ国の保障のもとに永世中立国とするという合意が成立した。しかし、一八〇五年のトラファルガー海戦でフランスを破ったイギリスが再びマルタを占領下に置いたため、マルタの永世中立は短命に終わった。

マルタとスイスの違い、ベルギーの永世中立、オランダの中立主義

マルタとスイスの永世中立が同じように列強国の承認と保障を得ていながら、マルタの永世中立が失敗に終わり、スイスのそれが持続しているのは、両国の永世中立堅持の意思が深く関係している。マルタがほとんど自国の意思とは無関係に、大国の思惑によって永世中立国となることを強いられたのに対し、スイスは、永世中立国であり続けることが自国の独立に不可欠であることを自覚し、自らの意思によって永世中立を選択し、これを堅持することを決意して、永世中立条約の締結に奔走したのである。

大国の思惑によって永世中立化された国家は、マルタだけではない。スイスに次いで一八三一年にイギリス、ロシア、プロシア、オーストリア、フランスによって永世中立を承認・保障されたベルギーである。ベルギーは一七九七年にフランスに併合されたあと、ウィーン会議でオランダの支配下に置かれたが、フランスで起きた七月革命がベルギーにも波及し、市民の独立運動の結果、一八三〇年に独立を宣言した。しかし、ベルギーの戦略

的地位の重要性から、この小国の無条件の独立は列強諸国にとっては認めがたいところであり、右五ヵ国は、ベルギーが永世中立国となることを条件に独立を承認することにしたのである。ベルギーは、永世中立化を条件とした独立の承認に反対の意を表したが、五ヵ国の態度が変わることはなかったため、最終的にこの条件を受け入れ、ベルギーの永世中立を定めたロンドン条約（一八三九年）に加入した。スイスが積極的に大国に対して自国が永世中立国となることを働きかけたのとは対照的である。第一次世界大戦でドイツに中立を侵犯されたあと、ベルギーは永世中立を放棄することになるが、永世中立放棄の背景には、もともとベルギーには永世中立堅持の意思が乏しかったことが指摘されている（田岡『永世中立と日本の安全保障』九一頁）。

　前章で述べたように、永世中立国となるには、一般的には、条約による諸国の承認や保障がなければならない。ある国の永世中立化は、それを承認し保障する国家の利害と一致することでなされるわけであるが、大国たる承認・保障国は、戦略的要衝である（ことが多い）当該国への干渉をあきらめるわけではない。小国を攻略するのは、大国にとってたやすいことであり、永世中立を堅持する意思をもたない国家、あるいは永世中立を強いられた国家は、列強からの干渉に屈しやすい。マルタ、クラカウ、ベルギーの永世中立の失敗は、このことをよく示している。列強の承認・保障という法的要件を満たすことによって永世中立国になったとしても、それをもって永世中立国であり続けることはできないのである。そのために、スイスのように中立を堅持することの覚悟と決意が必要とされる。後述するスウェーデンやオーストリアの中立政策が長期的に持続しているのも、この自発的意思が大いに関係している。こうした永世中立を守り抜くという強い意思は、「武力によってでも中立を維持しなければならない」という考えの根底をなし、武装中立論にそれなりの説得力を与えてもいる。

ベルギーのオランダからの独立によって、小国に転じたオランダはヨーロッパ列強との勢力争いから身を引き、戦争に対しては中立を維持するという外交方針を打ち出していった。オランダの中立はベルギーのそれと異なり、中立を維持するか否かはオランダの自由な意思によって決定される中立主義である。中立主義の方針を打ち立てたあとに発生したクリミア戦争（一八五三年〜五六年）や普仏戦争（一八七〇年〜七一年）で、オランダは中立を宣言し、中立主義の外交政策を確立していった。

三　確立期

一九世紀――パリ宣言の成立、ルクセンブルクとコンゴ自由国の永世中立

一八五六年、クリミア戦争の講和会議において、中立に関するはじめての立法条約[*4]となるパリ宣言が採択された。パリ宣言は、交戦国と中立国の間でこれまで争いが絶えなかった、戦時における海上捕獲の原則を確立する必要から採択されたもので、これまで多くの中立国によって実行されてきた自由船自由貨主義を承認し、中立国船舶に積まれた貨物は、戦時禁制品を除いて捕獲されないことを明らかにした。加えて、敵国船舶に積まれた貨物については、コンソラート・デル・マーレ主義を採用し、敵国船舶に積まれた中立国貨物は、戦時禁制品を除いて捕獲されないことを定め、中立国に最大限有利な内容が実現された。[*5]

パリ宣言の採択から一〇年ほど経過して、すでに永世中立国となっていたベルギーの隣国ルクセンブルクの永世中立が列強によって承認された。ナポレオン戦争後のウィーン会議でオランダと同君連合になったルクセンブルクは、プロシアを中心とするドイツ連邦の

一員でもあり、フランスを抑える必要から、ルクセンブルク国内にはプロシア軍が駐留していた。ところが、一八六七年、フランスがオランダにルクセンブルクの買収をもちかけたため、これに反発したプロシアとフランスの対立が先鋭化した。同年、この状況を打開するため、オーストリア、プロシア、ロシア、イギリス、フランス、オランダ、ベルギー、イタリア、ルクセンブルクの九カ国がロンドンに集まり、ルクセンブルクを永世中立国とすることで合意した。この合意を受けて、フランスはルクセンブルクの買収を断念し、プロシア軍はルクセンブルクから撤退することになった。また、ルクセンブルクの永世中立を定めたロンドン条約は、ルクセンブルクに治安維持に必要な限度でしか軍隊をもつことを認めていないため、ルクセンブルクは、これまでの永世中立国と異なり、外国の侵入に対し、武力を行使することができない非武装中立国となった。

一八八五年、アフリカ分割を協議したベルリン会議で採択されたベルリン会議一般議定書に基づき、ベルギー国王の個人領となったコンゴ自由国が中立宣言を行い、永世中立国となることが承認された。コンゴの永世中立は、コンゴ川流域を中立化し、自由貿易制度のもとに置くことで、戦時における通商を確保しようとした列強諸国の思惑によって実現したものである。一九〇八年にベルギー国王の個人領からベルギー領に変更されたあと、ベルギーの永世中立放棄とともにコンゴ自由国の永世中立も放棄された。なお、ベルリン会議一般議定書には、中立の尊重のみが定められており、締約国による保障については定められていない。

二〇世紀初頭——中立条約の成立、ホンジュラスの永世中立とノルウェーの中立主義

一九〇七年、第二回ハーグ平和会議[*6]がロシアの提案で開催され、四四カ国が参加して、これまでの交戦国や中立国の実行を成文化した陸戦中立条約と海戦中立条約が採択された。陸上の中立に関するはじめての立法条約となる陸戦中立条約では、中立国領土の不可侵権や中立国が負う中立義務が明文化された。二つの中立に関する条約の成立によって、伝統的な中立制度が体系化され、ここに戦争に巻き込まれることを望まない国家が中立国として法的・制度的に保護されるようになったのである。[*7]

ハーグで中立条約が成立した一九〇七年、中米ホンジュラスが中米平和友好条約に基づき永世中立国となった。紛争が頻発していた中米で、政治的・軍事的バランスを損なうことなしに平和を実現するには、ヨーロッパにおけるスイスと同じように、地理的に中央に位置するホンジュラスを永世中立国とする以外に方法がないとみなされたためである。そして、ホンジュラスとエルサルバドル、グアテマラ、コスタリカ、ニカラグアの周辺四カ国が当事国となって同条約が締結され、ホンジュラスの永世中立が承認された。しかし、

ホンジュラスの国内政治や経済状況が不安定だったこともあり、周辺諸国による軍事介入や、国内の反政府勢力による反乱がたびたび発生し、一九二三年の条約廃止に伴い、ホンジュラスの永世中立も廃止された。

なお、一九〇五年にスウェーデンから分離独立したノルウェーは、スウェーデンの外交方針にならい、独立してすぐ中立政策を採用するが、次節でみるように、それは第一次世界大戦で大きな試練に立たされた。

四　動揺期

第一次世界大戦――中立国の試練、アメリカの参戦

一九世紀前半にヨーロッパ小国の安全保障のひとつとして生み出された永世中立制度が列強国によって法的に承認され、また一九世紀半ばから二〇世紀はじめにかけて、戦時中立に関する国際法が体系化されたことを受けて、中立国の法的・制度的な基盤は完成をみた。ところが、それから間もなくして勃発した第一次世界大戦は、大国と大国が相まみえ

る総力戦となり、小国たる中立国は、大規模化した戦争の影響を少なからず受けることになった。

ドイツによるベルギーとルクセンブルクの永世中立の侵害は、その最たるものである。第一次世界大戦が勃発するとすぐに、ドイツはフランスの包囲作戦の一環として、ルクセンブルクに侵入した。ルクセンブルクを占領下に置いたドイツは、続いてベルギーに対して領土通過を要求し、これを拒否したベルギーに侵入しベルギー全域を占領したのである。そのためベルギーは、永世中立の保障国であるイギリス、フランス、ロシアに領土防衛の協力を求めた。この時点ではまだドイツと戦争状態になかったイギリスは、ベルギーの保障国としての義務を果たすためにドイツとたたかうことになった。一方イギリスやフランスも、戦時中立国であったギリシャの港を封鎖するなど、ギリシャの中立をおかしたといわれる。

スウェーデン、デンマーク、ノルウェーといった中立主義国は、大戦初期には交戦国から通商上の利益を得て、中立国の特権を享受していたが、大戦の終盤には交戦国双方からの圧力が強まり、中立通商の自由が妨げられた。例えば、交戦国であるイギリス、フランスは戦時禁制品を拡大して、これまで自由品とされてきたゴム、鉱石なども捕獲の対象とし、ドイツもこれに対抗して同様の措置をとった。特にドイツは、スウェーデンがイギリス、フランス向けに輸出していた木材を戦時禁制品とする措置をとったため、木材を主な輸出品としていたスウェーデンには痛手となった。船舶の損失も目立ち、スウェーデン籍船舶は三百隻近くが撃沈された。北欧諸国のなかでもスウェーデン以上に被害が大きかったノルウェーは、イギリスによる自国とアイルランド周辺海域の封鎖や、イギリス、フランス、イタリア周辺海域を航行する船舶へのドイツによる無差別攻撃の結果、千隻近くの船舶が撃沈されている。

大戦の初期には中立の立場を保ったとされるアメリカであったが、中立に固執していたわけではない。アメリカは次第にドイツに対抗できるだけの軍事力をもつようになり、またヨーロッパでの戦闘がアメリカの通商活動に重大な損害をもたらしていた。そしてドイツによる無制限潜水艦攻撃が引き金となり、一九一七年にドイツに対して宣戦布告し参戦した。

国際連盟——中立国の加盟、オーランド諸島の中立地帯化、アメリカの不参加

第一次世界大戦後に設立された国際連盟は、史上初の集団安全保障体制を取り入れた国際機構である。この集団安全保障制度が中立制度と本質的に相容れないことは、第一章ですでに指摘したとおりである。とはいえ、世界大戦のような大国間の総力戦を小国が生き

抜くのに、中立政策だけではあまりに不安定であることを経験した伝統的中立国は、自国の安全と独立を国際連盟にゆだねることにした。もっともスイスは、連盟の経済制裁にはしたがうものの、連盟の軍事行動には参加しないこと、外国軍隊の通過を承認しないこと、スイス領土内で戦闘の準備行動は認めないことを連盟に要求し、一九二〇年、連盟理事会の了承を受けて加盟を果たした。北欧諸国にはスイスのような特例が与えられることはなく、デンマークは一九二〇年、スウェーデン、ノルウェー、フィンランドは一九二一年に加盟した。

ところが、一九三五年のイタリアのエチオピア侵攻、一九三八年のドイツのオーストリア併合に対する連盟の無力が表面化すると、連盟の集団安全保障体制では、スイスや北欧諸国のような小国の安全を十分に確保できないことが明らかになった。そのため一九三八年、スイスは連盟の経済制裁にも参加しないとする絶対中立に復帰することを表明し、連盟理事会もこれを認めた。スウェーデン、デンマーク、ノルウェー、フィンランドの北欧四カ国も同年、オスロで開催された外相会議で戦争の際には絶対中立の立場に立つことを宣言した。こうして伝統的中立国は、連盟による集団安全保障政策に見切りをつけ、きたるべき大戦に備えて伝統的中立へと回帰していったのである。

国際連盟の安全保障が期待されたように機能しなかった原因のひとつに、連盟の設立に中心的な役割を果たしたアメリカが終始連盟に参加しなかったことがある。もともと国際連盟設立の構想は、一九一八年に「一四カ条の平和原則」[*8]を発表したアメリカ大統領ウッドロー・ウィルソンの提案を土台とするものであった。ウィルソンの提案した諸原則は、集団安全保障といった新たな国際的安全保障のモデルを国際機構によって実現しようとする点で、これまでのヨーロッパ諸国が勢力均衡のもとで展開した権力外交とは一線を画するものであった。

しかし、孤立主義の伝統を重視する議会上院が、国際連盟規約を取り込んだヴェルサイユ条約の批准をわずかの差で否決したために、アメリカは連盟に参加することができなくなった。連盟創設を主導したアメリカの不参加により連盟が効果的に機能しなくなるのではないかとの不安は、最終的に第二次世界大戦の勃発によって現実のものとなった。

ところで、戦争勃発に無力だったと思われがちな国際連盟が残した数少ない成果のひとつに、オーランド諸島の中立地帯化がある（オーランド諸島の地図は四七頁参照）。中立地帯とは、一般的には国家のある特定の地域を中立化するもので、そこでは軍事基地や軍隊の設置が禁じられることから、非武装地帯ともいわれる。中立地帯は、戦略上重要な地域の緊張を高めないために設定され、通常は条約に基づいて、中立地帯が設けられる。中立地帯条約は、その地域を領有、または関係する国家に対して、中立地帯の非武装化や戦闘行為の禁止を義務づける内容を含んでいる。オーランド諸島のほかに中立地帯とされたのは、古くは一八八八年のコンスタンティノープル条約におけるスエズ運河、二〇世紀に入ってからは、一九一九年のヴェルサイユ条約におけるドイツ領ラインラント、一九二〇年のスピッツベルゲン条約におけるノルウェー領スピッツベルゲン、一九五九年の南極条約における南極、一九七七年のパナマ運河の永久中立と運営に関する条約におけるパナマ運河がある。

さて、オーランド諸島の中立地帯化の経緯であるが、同諸島は、バルト海に位置する大小無数の島からなっており、フィンランドとスウェーデンの間で領有権が争われてきた。一八〇九年、スウェーデン領であった同諸島がロシアに割譲されると、ロシアは、地政学上重要な拠点とみなされてきたこの島に要塞を建設した。一八五四年のクリミア戦争において、イギリスとフランスに要塞を破壊され、戦争にも敗れたロシアは、一八五六年の講和条約で同諸島の非武装化に合意した。一九一七年、ロシア革命を機にロシアから独立したフィンランドはオーランド諸島を自国領に取り込むが、全島民の九六%を占めるスウェーデン系住民がスウェーデンへの帰属を求めたため、オーランド諸島の帰属をめぐるフィンランドとスウェーデンの対立が激しくなった。一九二一年、イギリスが仲介して問題解決をゆだねられた国際連盟理事会は、オーランド諸島の自治権をフィンランドが尊重することを条件に、フィンランドに帰属することを承認する一方、同諸島を非武装・中立地帯とすることを決定した。同年、フィンランド、スウェーデン、ドイツ、デンマーク、エストニア、フランス、イギリス、イタリア、ラトビア、ポーランドの一〇カ国の署名によりオーランド諸島を非武装・中立地帯とする条約が成立した。この条約でオーランド諸島の領有を認められたフィンランドは、同諸島に軍事基地を設置すること、また軍隊を駐留させることと武器弾薬を製造・搬入・搬出することを禁じられた。さらに条約は、戦争が発生した場合、中立地帯であるオーランド諸島を戦争の局外に置くことをフィンランドに義務づけている。フィンランドは、永世中立国ではなく中立主義国であるため、戦争が発生した場合、戦時中立国となる義務はなく、交戦国となることもできる（後述するように、実際、第二次世界大戦ではソ連と交戦状態に入っている）。その場合であっても、オーランド諸島を中立地帯とする条約規定にしたがって、フィンランドは、同諸島を戦争の局外に置かなければならない。

第二次世界大戦――中立国の試練、非交戦国アメリカ、フィンランドの中立主義

一九三九年にはじまった第二次世界大戦は、第一次世界大戦以上に中立が頻繁に侵害さ

れた戦争であった。とりわけ、中立国が享受できるはずの中立通商の自由は著しく妨げられた。例えばイギリスは、ドイツ潜水艦による連合国の艦船や商船に対する攻撃と機雷による攻撃の報復措置として、いずれの国の船舶に属するかにかかわらず、敵国所有や敵国産のすべての貨物を徴用し、自由船自由貨主義を否定した。また交戦国双方が公表した戦時禁制品は、ほとんどすべての品目に及び、中立国の交戦国向け通商は大幅に制約された。

中立侵犯はそれだけにとどまらない。第二次世界大戦では、四〇カ国が中立を宣言したといわれるが、ノルウェー、ベルギー、オランダ、デンマーク、ルクセンブルクといった伝統的中立国はいずれも中立を侵害され、ドイツの占領下に置かれた。中立を維持し戦争に巻き込まれなかったのは、スイス、スウェーデン、ポルトガル、スペインなどごく少数の国家にすぎなかった。これらの国家は、交戦国からの侵略を免れ独立を維持することができたのであるが、その理由を、すでに中立の地位を確立し、中立尊重が慣行となっていたスイスを除けば、これらの国家が主戦場の周辺に位置するにすぎなかったためであると結論する歴史研究者の指摘（百瀬『小国』一七七〜八頁）は、世界大戦における戦略的重要拠点とみなされる国家の中立がほとんど不可能に近いことを示唆していて興味深い。その一方で、スウェーデンが若干の中立義務違反をおかしながら、[*9]全体として中立政策を維持し独立を確保することができたのは、スイスと同じように、スウェーデンの主要政党や国民が一致して中立堅持に努めたからであるという指摘（武田『北欧の外交』六七頁）もまた重要であろう。

参戦前のアメリカの非交戦国としての行動も、伝統的な中立制度を大いに揺るがした。開戦当初アメリカは第一次世界大戦の開戦時のように、中立を宣言していた。しかし一九四一年、大統領が連合国側に武器弾薬を供給することを許可する武器貸与法を制定し、伝統的な中立法規に違反する措置をとった。こうした非交戦国には、アメリカ以外にも、一九四〇年に枢軸国側から参戦するまでのイタリアや、フランスの敗北をきっかけに枢軸国に援助を与えたスペインがある。

なお、一九一七年の独立時にすでに中立政策を表明していたフィンランドは、一九三九年、フィンランド領土の一部の貸与・割譲と軍事基地の利用を要求したソ連と冬戦争をたたかうことになる。一九四一年には独ソ戦に巻き込まれるかたちで、再びソ連と継続戦争をたたかった。ソ連との二度の戦争を経験したフィンランドは、ソ連の信頼に足りる中立政策を採用することが自国の安全保障上最良の選択肢であると考え、一九四八年、ソ連と友好協力相互援助条約を締結した。この条約は、フィンランド領土をソ連に対する侵略のためにドイツまたはその同盟国には利用させないことを約束する一方（一条）、条約の前文で「大国間の紛争の圏外に立ちたいというフィンランドの願望を考慮する」との文言を挿入し、フィンランドの中立政策が再び推進される余地を生み出した。こういったフィンランドの立場は、フィンランドと同じように西欧的価値観を共有しながら社会主義国家と国境を接することになり、結果として永世中立国という立場を選択したオーストリア（後述）と類似するところがある。

冷戦――伝統的中立国の中立放棄、オーストリアとラオスの永世中立

第二次世界大戦が終結したあと、中立信仰が崩壊した伝統的な中立国のなかには、東西冷戦下におけるソ連の膨張政策に危機感を覚え、西側ヨーロッパ諸国との連携を深める国家が現れた。ベルギー、オランダ、ルクセンブルクのベネルクス三国は、アメリカの戦後復興援助計画であるマーシャル・プランを受け入れたあと、一九四八年、イギリス、フランスとともに、NATOの前身となるブリュッセル条約を締結し、翌四九年に設立されたNATOに加盟した。第二次世界大戦でドイツに侵略・占領された経験をもつ北欧の中立国ノルウェーとデンマークも、中立政策から地域防衛協力による安全保障政策へと転換し、価値観を共有する西欧諸国が属するNATOに加盟した。ただし両国とも、ソ連を刺激しないため、平時には外国の軍隊・基地の国内設置を認めない方針をとってきた。

他方で、米ソの対立が新たな中立国を生んだことにも注目しなければならない。ドイツ

に併合されていたオーストリアは、第二次世界大戦後、アメリカ、イギリス、フランス、ソ連の四カ国の施政下に置かれていた（オーストリアの地図は六九頁参照）。一九四六年から独立回復のための交渉がはじまるが、交渉は、米英仏とソ連との対立が激しく一向に進まなかった。オーストリアは政治的、経済的、文化的に西側諸国と価値観を共有していたために、無条件に独立を認めることはオーストリアが西側体制に取り込まれることを意味し、ソ連としては受け入れがたかったのである。独立回復が第一の優先事項であったオーストリアとしては、ソ連が納得する解決策を提示する必要があった。そこでオーストリアは、一九五四年に米英仏ソ四カ国が開催したベルリン会議で、軍事同盟に参加せず、自国領域内に外国の軍事基地の設置を認めないとする提案を行った。この提案を受け入れたソ連と交渉を重ねた結果、一九五五年、モスコー覚書が成立する。そのなかでオーストリアは、スイス型の永世中立を宣言すること、永世中立の国際的な承認を得るための措置を講じることなどを約束した。それに対してソ連は、オーストリアの独立を認める国家条約に速やかに署名すること、オーストリアの永世中立を承認する用意があること、スイス型の永世中立に関する四大国の保障に参加する用意があることなどを宣言した。オーストリアはソ連との約束を守るため、永世中立を宣言する中立憲法法律を制定し、右四カ国を含む外交関係を有するすべての国家にその内容を通知し、六一カ国から承認を得て、永世中立国となったのは前述のとおりである。

すでに激化していた冷戦構造において、永世中立以外にオーストリアが独立を回復できる選択肢はなかったのであるが、永世中立の提案が列強によって強制されたものではなく、オーストリアからなされたということは、無視できない事実である。中立憲法法律一条にも、オーストリアが自らの意思で永世中立を選択したことが示されている。それによれば、「外部に対しオーストリアの永久的な独立の維持のため及びオーストリアの領域不可侵のために、オーストリアは、自らの自由な意思をもって永世中立を宣言」したのである（傍点筆者）。自発的意思に基づかない永世中立が短命に終わり、大国の思惑によって独立さえ脅かされてしまう可能性があることは、マルタやベルギーの歴史が示している。オーストリアを取り巻く国際情勢が永世中立以外の選択肢を許さなかったとはいえ、オーストリアがそのことを自覚し、永世中立を提案したという事実は、永世中立政策を維持・継続するという観点からやはり重要である。

最後に、冷戦期に永世中立国となったラオスについても言及しておこう。一九五三年、ラオスはフランスから独立しラオス王国となったが、王党派、共産党系の愛国戦線、中立派の間で戦闘が繰り返されていた。一九六一年、ラオス問題の解決を目指して、アメリカ、ソ連、イギリスの呼びかけでジュネーブ会議が開催され、一九六二年、三派が連合政府を創設することに合意した。その後、ラオス問題で米ソを中心とする東西の対立を避けるために、ラオス中立宣言に関するジュネーブ協定が締結され、参加国によってラオスの中立が承認された。しかし、協定成立後に内戦が再燃し、北ベトナムから支援を受けていた愛国戦線の優位がラオス国内で決定的となり、一九七五年、ラオスに社会主義国家が樹立された。一九七七年、ラオスはベトナムとの間でラオス・ベトナム友好協力条約を締結し、ベトナム軍の駐留を認めたため、現在ではラオスは永世中立国とはみなされていない。ラオスの永世中立は、内戦状態が完全には終結していない状況で宣言されている。さらに東西対立という国際情勢下で、大国の意図によって中立が承認されており、ラオス国内で中立の意思が十分に醸成されていたとはいえない。ラオスの永世中立が不首尾に終わったのは、こうしたことに原因があるのかもしれない。

＊1　『歴史』は、ペロポネソス戦争の過程を叙述する全八巻にわたる史書であり、紀元前四三一年にペロポネソス戦争が起こるまでの背景を記す第一巻とペロポネソス戦争を記述する第二巻から第八巻で構成される。

＊2　イギリスは従来、コンソラート・デル・マーレ方式を捕獲の基準として採用しており、中立通

商の自由をそれほど重視していなかった。スペインから制海権を奪い、交戦国としての権利を最大限主張できる立場にあったイギリスとしては、敵国と中立国の海上通商を断絶できるコンソラート・デル・マーレ方式を採用することが有利であると判断したためである。

＊3　アメリカの中立政策を基礎づけた孤立主義は、一八二三年、第五代大統領ジェームズ・モンローによって確立されたもので、モンロー主義ともいわれる。モンロー主義は、ヨーロッパとの間での相互不干渉と非植民地主義を内容とし、アメリカがヨーロッパへの介入を控える代わりに、ヨーロッパ諸国はアメリカ大陸での植民地建設をやめるよう要求するものであった。孤立主義とこれを体現する中立政策は、ヨーロッパでの戦争に参加しうるほどの軍事力をもたなかったアメリカが自国の独立に専心するためにとった政策であった。軍事力を強化した二〇世紀になると、アメリカは厳格な中立国から交戦国の一方に援助を行う非交戦国へ、最終的には交戦国へとその立場を変え、第二次世界大戦後にはソ連と肩を並べる軍事大国といわれるようになる。

＊4　当事国間の対立する利害を調整するための契約的条約（多くは二国間条約）と異なり、立法条約とは、多数の国家が共通の目的・利益を達成するための規則を定める条約をいい、パリ宣言のほかに、著名なものとしては国連憲章がある。

＊5　パリ宣言は本文で示したもののほかに、私船を拿捕《だほ》のために用いることを廃止すること、港口の封鎖を有効にするためには実力を用いなければならないことを定めている（実力とは、交戦国の敵国海岸への接近を防止するのに十分な軍備をいう）。

＊6　第一回ハーグ平和会議は、一八九九年、軍拡競争が大きな負担となっていたロシアが提案して開催された。会議の目的であった軍備制限に関する成果は上げられなかったが、「陸戦ノ法規慣

例ニ関スル条約」など戦争法に関するいくつかの条約と「国際紛争平和的処理条約」が採択された。

＊7　一九二二年、戦闘機の発達に伴い、アメリカ、イギリスなど六カ国がハーグで「空戦に関する規則案」を作成し、そのなかで伝統的な中立制度を空戦にも適用しようと試みられたが、発効には至らなかった。

＊8　一四カ条の原則は、①公開外交による講和の促進、秘密外交の廃止、②公海自由の原則、③関税障壁の撤廃、④軍備縮小、⑤植民地問題の公正な調整、⑥すべてのロシア領土からの撤退と戦後ロシアによる政治制度の選択の尊重、⑦ベルギーの主権回復、⑧アルザス・ロレーヌのフランスへの返還、⑨イタリア国境の再調整、⑩オーストリア・ハンガリーの存続と内部諸民族の自治、⑪占領されたバルカン諸国の領土の回復、⑫オスマン帝国のトルコ人居住区域の主権と他の諸民族の自治的発展の保障、⑬ポーランドの独立、⑭国際平和機構の設立の一四項目からなっている。

＊9　一九四一年、ソ連との開戦に踏み切ったドイツは、ノルウェーに駐留していた一個師団の軍隊をフィンランドに輸送するため、スウェーデン領土の通過を要求した。戦争の局外に立つことを最大の目的としていたスウェーデンは、ドイツとの戦争を回避するため、二週間にわたるドイツ一六三師団（一万二千人）の輸送を許可した。またスウェーデンは、ノルウェーの亡命政府の要請を受けて、国内でのノルウェー軍組織の編成と軍事訓練を認めた。

第三章　中立国と軍備

スイスは、世界でも有数の強力な軍隊をもっていることでよく知られている。それでは、軍隊の存在なしに永世中立国はあり得ないのだろうか。この章では、武装することが永世中立国になるための絶対条件なのかどうかを検討していきたいと思う。

スイスやオーストリアといった永世中立国はいずれも、徴兵制によって国防を担う武装中立国である。二〇一三年には、両国ともに徴兵制維持についての賛否を問う国民投票が実施されたが、その結果は、いずれも徴兵制を維持するというものであった。両国の軍事支出は、冷戦末期の一九八九年でスイスがおよそ三〇億ドル（GDP比一・五％）、オーストリアが一六億ドル（同一・二％）、二〇一五年でスイスがおよそ四七億ドル（同〇・七％）、オーストリアがおよそ二五億ドル（同〇・七％）となっている。他の国家（とりわけソ連）の脅威がなくなったこともあり、軍事費の占める割合はGDP比でみると減少傾向にあるが、両国は依然として軍事力を前提とする中立政策を実践している。*1

永世中立国が武装中立でなければならないとする明確な国際法の要求はない。しかし、スイスの軍備は同国の永世中立の歴史とともにあったことから、スイスは武装中立を義務づけられているとみる見解も少なくない。それは、一九五五年のソ連とのモスクワ覚書で、スイス型の永世中立を約束したオーストリアも同じである（八七頁参照）。

そこで本章ではまず、永世中立国は国際法上、軍備を義務づけられるとする主張をみていき、この見解に対する問題点を指摘したい。次に、はたして武装中立が戦時において中立国の中立や独立にどれほど効果的といえるのか、いいかえると、永世中立国や中立主義国がその中立や独立を維持するために、武装中立であることが必要といえるのかという点について検討する。最後に、非武装永世中立を外交の基本方針とするコスタリカについて、その経緯と内容をみることによって、コスタリカの非武装中立の特色を探っていきたい。

一　永世中立国の武装義務

中立条約上の防止義務

第一章で明らかにしたように、中立国は戦時において、交戦国が中立国の領域で戦闘行為をはじめたり、中立国の領土を通過することを防止する義務を負っている（陸戦中立条約五条）。この防止義務が中立国に対して武装義務まで課しているのかは必ずしも明らかではない。しかし、交戦国が中立国に対して攻撃したり中立を侵害した場合、中立国は軍事力によってこれに対抗しなければ、防止義務を適切に履行できないであろうことは、容易に想像できる。こうして、中立条約上の防止義務に付随して、あるいは防止義務の当然の帰結として、中立国は武装義務を負うとする主張が展開されるのである。

また陸戦中立条約一〇条は、中立国が中立の侵害を防止するために兵力を用いたとしても、これによって敵対行為をしたことにはならないと規定し、中立国が中立を侵害する交戦国に対して軍事力で対応することを前提とした規定を置いている。さらに、同条約一一条が規定する、交戦国の軍隊が中立国の領土に入った場合、中立国がなるべく戦地から隔離してこれを留置する措置は、軍事力を行使することによってより効果的に実行されることになるだろう。このように中立条約は、中立国に明示的に武装義務を課しているわけではないが、中立国に軍事力が備わっていることを想定した、武装中立にきわめて親和的な規定ぶりとなっていることは否定できない。

防止義務を根拠とすることの問題点

中立条約上の防止義務によって武装義務が中立国に課せられるとする見解の問題点は、中立条約上の中立義務が、特定の戦争が発生したときに中立の立場に立つ国家に対して向けられているということにある。これはどのようなことを意味するのか。防止義務に武装義務が必須だとすれば、戦時に必ず中立国となる永世中立国だけでなく、武装義務はすべての戦時中立国に課せられる。したがって、軍備をもたない国家が交戦しないことを望んだ場合であっても、中立条約が中立国に武装中立を義務づけているとすれば、中立条約によって、非武装国家は中立国の資格なしと認定されることになる。他国間で戦争が発生した場合、戦争に参加しないことを選択した非武装国家は、交戦国の地位も――非武装であるため戦争に参加することは事実上できないのだが――、中立国（非交戦国）の地位も、いかなる法的地位も与えられないことになってしまうのである。したがって、中立条約上の防止義務は、武装中立に親和的ではあるが、非武装中立を否定しているわけではないとみるべきである。中立条約は、中立を侵害する交戦国を排除するよう中立国に要求しているだけで、これを実現するための手段として武装中立を選択するかどうかは、中立国の判断にゆだねられているとみるのが適切であろう。

永世中立国の平時の義務

中立と独立の擁護義務とその問題点

永世中立国が平時に負う義務として、中立と独立を擁護する義務が挙げられることがある。オーストリアの中立憲法法律一条が「外に対し常に独立を確保するため及び自国領土を侵されないため、オーストリアは、ここに自由意思をもって永世中立を宣言する。オーストリアは、一切の手段を挙げて永世中立を維持し、かつ、擁護せんとする」と定めているのがこれにあたる。また、スイスが一九五四年に発表した「スイスの公的な中立概念」(Conception officielle suisse de la Neutralité)にも同様の義務が記述されている。オーストリアの中立憲法法律とスイスの公的な中立概念は、中立と独立の擁護義務に言及するのみで、武装義務については触れていない。しかし、この中立と独立の擁護義務によって、永世中立国は武装義務を課せられるとする主張がある。すなわち、永世中立国が外国の攻撃からあらゆる手段によってその領域を守ることは義務であり、したがって、永世中立国にとって自衛のための武力行使は、権利であるばかりでなく義務でもある。永世中立国は、自国領域の防衛義務を負う以上、平時から必要な軍事力をもっておく必要があるというのである。[*2]

一八一五年に、スイスは条約に基づき永世中立国となると同時に武装中立を宣言し、スイスの中立と独立を軍事力によって防衛する意思を対外的に示した。同国の永世中立を規定した条約の当事国は、永世中立を承認し保障するにあたり、まずスイス自らが軍事力によって中立を維持することを了解していたはずであるし、少なくとも同国の武装中立を肯定的に捉えていたということはできるであろう。スイスの永世中立の歴史的な経緯から、中立国の武装義務を、中立と独立の擁護義務によって導き出そうとすることにもまったく理由がないわけではない。

他方で、スイスが永世中立国となってからおよそ五〇年後の一八六七年に永世中立国となったルクセンブルクが非武装中立国であったという事実にも着目しておく必要がある。なぜならば、ルクセンブルクの永世中立は、列強諸国が同国の永世中立の承認と保障を約束したスイスと同型の国際条約によって実現され、列強諸国はこの条約のなかで、ルクセンブルクに非武装中立を求めているからである。したがって、現代に通ずる永世中立制度が出現した一九世紀においても、永世中立国となる国家やこれを承認し保障する列強諸国が、永世中立国は武装中立でなければならないとする認識を必ずしも共有していたわけではないのである。もともと、永世中立国となる国家は防衛力に乏しい小国が多く、永世中立国自身の防禦《ぼうぎょ》力に多くの期待をかけないことが永世中立の精神のなかに含まれているとの指摘からもわかるように（田岡『永世中立と日本の安全保障』一八九頁）、武装中立が義務として永世中立国に課せられているとする結論に完全に同意することはできない。

したがって、永世中立国に対して武装義務が課せられているとみるのは適当でなく、中立条約上の義務や平時の永世中立国の義務が永世中立国に課せられているとしても、これを実現する手段——武装中立によるのか、非武装中立によるのか——は、永世中立国の裁量にまかされているというべきである。

二　武装中立の有効性

中立条約が中立国に武装義務を課しているとまではいえないとしても、歴史的にほとんどの中立国が武装中立であったという事実は重要である。その要因には、武装中立によらなければ、中立国に関心をもつ国家によって中立を侵害され、結果としてその独立さえも危険にさらされると考えられてきたことが挙げられる。そこで本節では、平時の中立政策として武装中立が有効といえるかどうかについて検討していきたい。

武装中立の意義

永世中立や中立主義は、戦争に巻き込まれることを望まない小国がとる安全保障政策であり、これらの国々は、平時から中立政策を実践し、戦争がひとたび発生した場合には、侵略を免れるために、あるいは通商上の利益を得ようとして、戦時中立国となる。他方で交戦国は、中立国の通商活動が敵側に利益を与えていると判断した場合、中立国の通商を軍事力によって妨害することがある。また中立国が戦略的要衝地である場合、交戦国はその領土獲得の野心をあきらめるわけではなく、必要であれば中立国の領域不可侵権を侵すことや、中立国を占領することもためらわない。

このような交戦国による中立侵犯や侵略に対抗するために、さらには交戦国のこうした行動を事前に予防するために、しばしば中立国は平時から軍備を整えておく必要があるといわれる。第二章でみたように、交戦国による中立侵犯や中立国を占領する事態が頻発した第二次世界大戦で、スイスは中立と独立を維持し得た数少ない国家であった。スイス侵略を計画していたドイツがこれを実行に移さなかった要因のひとつには、スイスがドイツの侵入を防ぐために、総動員数六〇万人以上を配備して、武装中立を強化したことがある。スイスの武装中立が成功したのは、侵略した場合に生じる物的・人的な損失が、侵略によって得られる利益にまさることを、強化された武装中立によって示したからなのである。第二次世界大戦で中立維持に成功したスウェーデンも、ドイツが中立国のノルウェーとデンマークを侵略したあと、兵力を八万五千から四〇万に増強し防衛に努めた。反対に、ドイツからの攻撃にわずか五万の兵力で応戦したノルウェーが、もしもスイスやスウェーデンに匹敵するほどの強力な軍事力を備えていれば、ドイツは北海を横断し長い海岸線を突破する危険をおかしてまでノルウェーの中立を侵害することはなかったかもしれない。

武装中立の有効性に対する疑問

前述したように、武装義務を中立国に課しているとまではいえない中立条約が中立国の軍備を前提としているのは、武装中立が中立義務を履行するのに適しているからであった。また、これまで多くの永世中立国や中立主義国が武装中立であったという歴史的事実は、これらの国家が平時に軍備を保有して戦時に備える武装中立を、中立政策の構成要素とみなしてきたことを示している。しかし、武装中立が中立政策を支える要素であるとしても、第一次世界大戦や第二次世界大戦で交戦国から中立や独立を侵害された永世中立国や中立主義国は、ルクセンブルクを除いて、すべて武装中立国であった。第一次世界大戦勃発前にドイツの軍事力増大に危機感を抱いた永世中立国ベルギーは、軍の改革を推し進め、一九万の兵力を準備していた。戦争がはじまると、ベルギーはイギリス・フランス側とドイツ側の双方からの攻撃に備えて軍を動員したが、フランス北部の攻撃を計画していたドイツ軍によって中立を侵害された。また第二次世界大戦で、オランダとベルギーは、中立と国土を防衛するために、それぞれ最大で五〇万と八〇万の兵力を有していたにもかかわらず、イギリスを攻撃するための拠点にしようと画策していたドイツによって中立を侵害された。潜在的な交戦国の攻撃に対抗するためにどれほどの軍事力をもつことが効果的といえるかは別に検討しなければならないが、オランダやベルギーが、中立を維持し得たスイスと同等、またはそれ以上の兵力をもっていながらドイツに占領されたことは、武装中立が中立と独立の侵害を予防するのに十分でないことを示している。

中立が成功するためのその他の条件

両次世界大戦でドイツによる中立の侵害と占領を経験したベルギーとルクセンブルクは、ドイツ、フランス、イギリスといった対立する大国の間に挟まれた「バッファー（緩衝国）」であった。第一次世界大戦で中立を侵害され、第二次世界大戦ではドイツに占領されたデンマークとノルウェーも同じように、北海に面して対立する交戦国の間に位置するバッファーだったといってよい。ヨーロッパ大陸のほぼ全域を戦場とする総力戦では、バッファーである中立国領域を、交戦国双方がお互いに手を出さない真空地帯とするよりも、交戦国がその地を利用して軍事的優位に立とうとするのは当然のことといえる。両次世界大戦で、中立国が交戦国双方によって中立を脅かされたり、ドイツによって侵略されるまでに至ったのは、こうした中立国の置かれた地理的な事情が背景にある。このような経験を通じて、オランダ、ベルギー、ルクセンブルク、デンマーク、ノルウェーは、第二次世界大戦後、中立政策を放棄し、大国主導の軍事同盟であるＮＡＴＯに加盟する道を選択したのである。

両次世界大戦における主要な武装中立国の状況

	ポジション	中立侵害の有無
スイス	周辺	×
ベルギー	バッファー	○
オランダ	バッファー	第一次世界大戦 ×
		第二次世界大戦 ○
スウェーデン	周辺	×
デンマーク	バッファー	○
ノルウェー	バッファー	○

　これに対して、両次世界大戦でスイスやスウェーデンが中立と独立を守ることができたのは、西部戦線でたたかう交戦国、とりわけドイツの関心が、ドイツとフランス、イギリスに囲まれるベルギー、ルクセンブルク、デンマークなどを攻略することにあり、スイスやスウェーデンが主戦場から離れて位置する、交戦国双方にとって地理的魅力に欠けていた「周辺国」にすぎなかったからともいえるのである。

　最後に、武装中立のオランダに対する交戦国の中立尊重の有無は、武装中立の有効性を考えるうえでもうひとつの重要な示唆を与えてくれる。両次世界大戦でバッファーであったオランダは、第二次世界大戦時には隣国ベルギーとともにドイツに占領されている。一方で第一次世界大戦では、ドイツによるいくつかの中立侵犯はあったものの、全体としては中立を維持することに成功している。バッファーでありながら中立侵犯と占領を免れたのは、交戦国ドイツの思惑によるところが大きい。ドイツはベルギーとルクセンブルクをすでに手中におさめていたことから、次の攻撃目標であったフランスへ進軍するルートを確保するためにオランダを占領する必要がなかったということ、またオランダを中立国としておくことで、鉄鉱石や食料などをオランダから輸入できることや、北海を行き来する船舶の自由を確保できるという利点があったためである。世界大戦のような総力戦では、バッファーである中立国は、攻撃の対象となりやすいが、第一次世界大戦時のオランダは、ドイツの思惑によってそれを免れたにすぎなかった。交戦国が中立を尊重したり、逆に中立を侵害することが、交戦国の思惑や利益に強く影響されるような場合、武装中立は中立や独立の維持にとって二次的・副次的な意味しかないといえそうである。

三　コスタリカの非武装中立

本章でこれまでに明らかにしたことは、中立条約や永世中立に関する国際法においては、中立国には必ずしも武装義務のないこと、また武装中立は、中立国の地理的環境や交戦国の思惑によって、中立や独立の維持に効果的でないこともあるということであった。そこで本節では、一九八〇年代に非武装中立を宣言したコスタリカの中立政策に注目して、非武装中立に至る経緯と背景を明らかにし、その特色を探ってみたい。

非武装中立の歩み

非武装憲法の制定

コスタリカの軍備が放棄されたのは、一九八三年に中立政策が大統領によって宣言されるよりも三五年ほど早い一九四八年のことであった。その年に実施された大統領選挙の混乱は、政府軍とフィゲーレス率いる国民解放軍の間の内戦にまで発展した。内戦に勝利したフィゲーレスが主導する統治評議会は次々と国内改革に着手し、その一環として実行されたのが、軍隊の廃止である。翌一九四九年には新憲法が制定され、そのなかで、「恒久的制度としての軍隊は、禁止される」と規定され（一二条一項）、法的に常備軍が廃止されることとなった。ただし、米州機構などの大陸間協定によって要請された場合や自国防衛の必要がある場合には、軍隊を組織することができるとも規定されているので（同三項）、憲法が絶対に軍備の保有を禁じているわけではない（米州機構への参加が永世中立義務に違反するかどうかは第一章第二節を参照）。また、公共秩序を維持するために警察力をもつことは認められており（同二項）、現在、約一万人の警察組織が司法警察、国境警備、沿岸警備、対テロなどの任務にあたっている。二〇一五年の治安維持の予算はおよそ四億ドル

コスタリカの周辺図（中米）

であり、隣国ニカラグアの二〇一五年の軍事予算七千万ドルをはるかに上回っているが、その装備は治安維持に必要な限度にとどまっており、戦車、軍用機、軍艦などの軍備は保有していない。

非武装化の背景

一九四八年の内戦は、ニカラグアの軍事介入などもあって、犠牲者が二千人余りにのぼるなど被害は甚大であった。大統領選挙に端を発する政治対立が軍事的対立にまで至った経緯を踏まえ、軍事的手段による政治対立の解決を避けるために考案されたのが、そもそもの元凶である常備軍の放棄であった。また、政府軍が内戦に敗れた勢力であったこともあり、軍を解体することでその勢力を抑え、国内政治の安定を図ろうとした側面もある。

軍隊の放棄を可能にしたのは、コスタリカの経済・財政事情も背景にあったことが指摘されている。戦後のインフレと主要産品のコーヒー、バナナといった一次産品の価格低下によって悪化した経済を立て直すために、さらに政府が推進する教育や医療などの社会福祉政策の実施に必要な費用を捻出するために、もともと国内で重要視されてこなかった軍隊を廃止することで、これらの予算に充てようとしたのである。

こうした国内事情に加え、軍隊廃止を可能にした対外的要因として米州機構の存在がある。米州機構は、一九四八年に開かれたボゴタ会議で、米州大陸の平和と安全を強化することなどを目的として設立された地域的集団安全保障機構であり、コスタリカ内戦に介入したニカラグアとの紛争について協議機関を設置して平和的に解決することに成功していた。こうした米州機構の安全保障体制が有効に作用したことは、コスタリカにとって、軍備放棄に対する不安を取り除く一因になったといえよう。

「永世的、積極的、非武装的中立に関する大統領宣言」

隣国ニカラグアで、一九七九年に誕生したサンディニスタ率いる左翼政権と反政府勢力コントラの間で発生した内戦は、反共路線を強めていたアメリカの介入で激しさを増していき、コスタリカもコントラの基地として利用されるというかたちで巻き込まれていった。サンディニスタ政権はコスタリカに対して、コントラとコントラを支援するアメリカによるコスタリカ領内の軍事利用をやめさせるよう要求した。しかしコスタリカがこれに応えることは、政治的価値を共有し、経済的な援助を受けていたアメリカとの対立を意味するため、無条件に受け入れることはできなかった。ニカラグア側に立つか、アメリカ側に立つか。選択を迫られたコスタリカは、一九八三年、「永世的、積極的、非武装的中立に関する大統領宣言」を表明し、非武装憲法を踏まえたうえでの永世中立政策を国是とすることを明らかにした。

大統領宣言の中立にかかわる部分は以下のとおりである（訳は澤野『永世中立と非武装平和憲法』一六三～四頁による）。

A　私は、国家の代表として、他国に影響を及ぼす可能性のある軍事的紛争に対し、コスタリカの中立を宣言する。それは以下の特質に従う。

①コスタリカの中立は、永世的であり、一時的ではない。それは、他国に影響を及ぼすあらゆる軍事的紛争に対して適用される。

②コスタリカの中立は、積極的である。それは、イデオロギーおよび政治の領域で不偏不党であることを意味しない。それゆえ、コスタリカは、西欧民主主義と共有してきたし、将来も共有する政治的、社会的概念に対する信頼を再確認する。この積

極的中立は、国連、米州機構、ならびに米州相互援助条約の構成員としてコスタリカが有する、次のようなあらゆる問題に関する権利と完全に両立する。その問題は、国際の平和と安全の維持、紛争の平和的解決に向けての諸活動、より公正な経済的・社会的秩序の達成、ならびに人権および基本的な自由の促進と尊重に関する問題である。

③コスタリカの中立は、非武装的である。コスタリカの対外的安全保障は、国民の自由意思、国際法規およびコスタリカが加盟する集団的安全保障制度に基づいて、引き続き維持される。この集団的安全保障制度はいずれも、常設制度としての軍隊を維持すること、あるいは他国の軍事的紛争を解決するためにコスタリカの武力を使用することを要請していない。

この中立政策は、ソ連と接近したサンディニスタ政権と、アメリカが深く関与する反政府勢力コントラの間で争われた、東西のイデオロギー対立を反映した武力紛争に巻き込まれないようにすることを目的にしていた。その点でコスタリカの中立は、東西冷戦下で中立を選択したオーストリアやフィンランドと類似している。その一方で両国とコスタリカの中立の顕著な違いは、オーストリアとフィンランドが伝統的な武装中立の地位に立っていたのに対し、コスタリカが憲法の趣旨を取り込んだ非武装中立政策を選択したことである。

米ソの代理戦争が各地で頻発していた冷戦時代に、ヨーロッパ以上に政情不安定で武力紛争が多発する中米地域にあって、コスタリカが非武装中立政策を選択できたのは、コスタリカにとっての直接の軍事的脅威が、中米紛争の主な舞台であった、コスタリカの北に位置するニカラグアだけであって、南に位置するパナマは脅威の対象ではなかったことが挙げられる。さらにコスタリカは、中米諸国に大きな影響を与えてきた軍事大国アメリカと国境を接していないことに加え、中米においてコスタリカの脅威となる軍事大国がそもそも存在していなかったことも、中立政策を非武装で推進できる環境にあったといえる。

コスタリカの中立政策の特色

一九八三年に発表された中立宣言には、コスタリカが「永世的、積極的、非武装的中立宣言に伴う諸義務を遵守《じゅんしゅ》する」ことが謳われており、「永世的」、「非武装的」の文言から、コスタリカが国際法上の永世中立国としての義務を非武装中立によって実行しようとしていることがわかる。コスタリカ領内の基地設置を要求してきたアメリカに対して、コスタリカ政府がこれを拒否したのは、永世中立国としての姿勢を示した結果ともいえる。

ただし近年、こうした姿勢に動揺がみられるようになってきている。一九九九年、アメリカと麻薬取り引きの取り締り協定を締結したコスタリカは、この協定に基づいて、アメリカ軍との共同パトロールなど麻薬の不正取り引きを防止するための協力を約束した。さらに二〇〇〇年代に入ると、麻薬取り締りを目的とするアメリカ艦船の長期寄港の要請を、コスタリカは了承している。アメリカ海軍の長期寄港が麻薬の取り締りを目的とするのではなく、実はアメリカと対立するベネズエラ、ニカラグア、エクアドルなどへの攻撃拠点のためであったとすれば、アメリカ軍駐留の合意は、永世中立国の義務に違反する可能性がある。

「永世的」、「非武装的」という二つの意味を併せもった永世中立国は、ルクセンブルクのように過去にもみられるが、コスタリカの永世中立を特徴づけているのは、「積極的」中立を採用したことにある。

中立宣言によれば、コスタリカの中立は軍事的な中立であって、「イデオロギーおよび政治の領域で不偏不党であることを意味しない」。したがって、イデオロギーとしてコスタリカがよりどころとしてきた西欧民主主義を放棄するものではない。中立宣言は、コスタリカが、「西欧民主主義国家と共有してきた……政治的、社会的概念に対する信頼を再確認」するとして、このことを明らかにしている。

そのうえでコスタリカは、西欧民主主義国家の一員として、国連、米州機構のもとで国際平和や紛争の平和的解決のために、要請があれば、仲介や調停の役割を果たすというのである。従来、中立が意味していた、交戦国のいずれの側にも与せず、戦争にかかわらないという「消極的中立」に対し、「積極的中立」とは、紛争の平和的解決のために、（当時、国連非加盟国であったスイスとは対照的に）国連に加盟し、仲介者や調停役を積極的に引き受け、当事国のいずれにも公平にかかわろうとするものなのである。この新しい中立概念のもとで、コスタリカ大統領オスカル・アリアス・サンチェスは一九八七年にノーベル平和賞を受賞することになるが、アリアスが果たした役割とその成果については、次章で明らかにしていくことにする。

＊1　中立主義国の軍事費は、以下のとおりである。
スウェーデン：一九八九年、およそ五〇億ドル（GDP比二・五％）、二〇一五年、およそ五三億ドル（同一・一％）
フィンランド：一九八九年、およそ一七億ドル（同一・五％）、二〇一五年、およそ二九億ドル（同一・三％）

アイルランド：一九八九年、およそ四億ドル（同〇・四％）、二〇一五年、およそ一〇億ドル（同〇・四％）

なお、フィンランドは徴兵制を維持しているが、スウェーデンは二〇一〇年に徴兵制を廃止し志願兵制に移行している。アイルランドも志願兵制を採用している。

＊2　武装義務に基づいてどれほどの軍備をもっておくべきかについて、一律に決定することは難しい。したがって、この見解は、それぞれの永世中立国を取り巻く外的・内的状況などを考慮して、永世中立国がその裁量で決定するほかないとしている。

第四章　永世中立国、その役割と実情

永世中立制度は、戦争に巻き込まれないようにするための小国の安全保障政策であり、それは、戦争にかかわらないという消極的態度で永世中立国自身の国家的存続を図ることを主な目的としていた。しかし第二次世界大戦のあと、国際の平和を維持・回復するために積極的に戦争にかかわることを想定して設立された国際連合の時代を迎え、紛争当事者のいずれにも与しないとする伝統的な中立の態度は、時代遅れであるばかりでなく、国際社会における協力と連帯の強化に悪影響を及ぼすと批判されるようになる。同じような批判は、第一次世界大戦後の国際連盟設立時にもみられた現象である。一九四五年、国連憲章を作成するために開かれたサンフランシスコ会議に中立国の参加が許されなかったのは、それが第二次世界大戦の連合諸国によって起草された文書であるとしても、中立は国連の体制のなかでは許されない態度であるとの認識に基づいていたことも否定できない。

そうしたなかで、一九五五年、オーストリアは永世中立国となると同時に国連加盟を果たし、中立主義国のスウェーデンは一九四六年に、フィンランド、アイルランドはオーストリアと同じく一九五五年に国連に加盟した。しかし、東西のイデオロギー対立による冷戦構造が局地的な武力紛争を誘発し、拒否権をもつ米ソ二大国の対立は、安全保障理事会の活動を滞らせ、有効な集団安全保障措置は期待できなくなっていった。ここに、永世中立国が依然として存在する価値があることは第一章で指摘したとおりであるが、永世中立国は、その存在意義を示すべく、国連の枠組みの内外でさまざまな役割をも積極的に担うようになっていくのである。まずそのことに触れていくことにしたい。

冷戦終結以降、ヨーロッパ大陸での戦争の可能性はほとんどなくなり、スイスやオーストリアを取り巻く国際環境は冷戦時と大きく様変わりしたため、国際貢献のあり方にも変化がみられるようになった。オーストリアは一九九五年にEU加盟を果たし、EUが取り組みはじめた安全保障政策にも積極的にかかわる姿勢を示した。また中立政策を厳格に貫いてきたスイスも二〇〇二年に国連に加盟するに至り、国際社会との連帯をより強めている。冷戦終結を機に孤立主義的な安全保障政策からこのような国際協力に基づく安全保障政策へ転換したことについて、両国はどのように主張し、またどのような行動でそれを示しているのであろうか。第二節でこの点を検討する。

最後に、二〇〇三年に勃発したイラク戦争に対して、スイスとオーストリアがこの戦争を中立義務の発生する国際的武力紛争（国家間の武力紛争）とみなしていたかどうかを含めて、どのように対応したかを明らかにする。

一　永世中立国の国際貢献

対立する当事者間の架け橋・調停役

紛争当事者のいずれにも与しないという本来的な中立の特性から、中立国の存在は、戦争の拡大を防止することに有用であるといわれることがある。とりわけ永世中立国は、将来の戦争においても中立国になることを義務づけられているため、いかなる戦争においても永世中立国の存在によって交戦国の拡大が抑制されるという意味においては、この主張に誤りはないだろう。しかし、第二次世界大戦後において、ヨーロッパの中立国が戦争拡大の防止に重要な役割を果たしてきたといえるかは疑わしい。冷戦時に発生した国際的武力紛争の多くは、アジア、アフリカといったヨーロッパから遠くはなれた局地的な戦争であり、こうした戦争にスイスやオーストリアといった永世中立国が中立の地位であることを強調したとしても、紛争拡大の防止に大きな効果があったというには無理があるように思われるからである。

むしろ、戦時における中立国の存在意義は、交戦国双方に公平の態度をとっているからこそ果たせる役割にあるとみるべきであろう。交戦国のいずれにも肩入れしない中立国は、敵国に滞在する交戦国国民の援助や傷病兵の帰還の支援といった人道的援助を実行しやすい立場にある。第二次世界大戦で、スイスが連合国と枢軸国との連絡地点のひとつを提供したことや、三〇カ国以上の国家から敵国側に滞在する自国民の保護を要請されたのは、こうした中立国の役割を示す好個の例である。

さらに永世中立国は、対立する当事者間の利害を調整するのに適した国家であるとみなされており、休戦協定の交渉や、国際組織や国際会議の場所として利用されることが多い。第一次インドシナ戦争（一九四六年～五四年）の和平交渉や、一九五五年に開催された第二次世界大戦後初のアメリカ、イギリス、フランス、ソ連の四カ国首脳会談がスイスのジュネーブで開催されたことに示されているように、「ジュネーブ」の名を冠した和平交渉や国際会議などがこれまでに数多く開かれている。これは、永世中立国であるスイスが交渉場所として最も適していると、交戦国双方や複雑な利害関係を有する関係国によって考えられてきたからである。近年では、二〇〇三年のイラク戦争開戦前に、戦争の発生で予想される難民を保護するための人道支援に関する国際会議がスイスによって開催されたが、スイスの外務大臣によれば、スイスの中立国としての立場がこうした会議を成功に導いたとされる。

また、スイスが国連非加盟の立場にあった時期でも（二〇〇二年に加盟）、人権や軍縮のフォーラムとなっている国連欧州本部や、国際労働機関（ILO）、世界保健機関（WHO）といった専門機関がジュネーブに置かれていた。

オーストリアは冷戦中、東西のコミュニケーションチャネルとしての役割を果たし、米ソの首脳会議や、米ソ間で採択された戦略兵器削減条約の交渉場所として利用された。一九七〇年代前半に東西の架け橋の役割を積極的に担うことを示したオーストリアは、一九七五年の欧州安全保障協力会議（CSCE）の設置にフィンランドとともに尽力した。CSCEが機能強化のために一九九五年に欧州安全保障協力機構（OSCE）に改組されたときには、その本部がウィーンに置かれることになった。こうした冷戦期におけるオーストリア政府の外交姿勢は、「積極的中立外交」と呼ばれる。オーストリアにもスイスと同じように多くの国際組織・機関が設置されており、ウィーンには、ニューヨーク、ジュネーブに続く三番目の国連事務局のほかに、国際原子力機関（IAEA）や国連工業開発機関の本部が置かれている。

冷戦後に永世中立国となったトルクメニスタンも積極的中立を志向した活動をはじめている。一九九二年にはじまるタジキスタン内戦や、二〇〇一年に対テロ戦争の一環ではじまったアフガニスタン戦争といったトルクメニスタン周辺で発生した武力紛争の和平交渉のための会合や会議の場所を、中立国として提供している。トルクメニスタンは、内戦や国家間の武力紛争は政治的、外交的な方法によらなければ根本的な解決に至らないとの観点から、トルクメニスタンの中立こそがこのような役割を果たすのに適しているとして、国際的な問題の解決にあたろうとしている。

次に、中立の立場に立ちながら積極的な国際社会との連携を国家として公式に宣言したコスタリカのケースを詳しくみていくことにしよう。

コスタリカ大統領アリアスによる中米紛争の調停

コスタリカが一九八三年に表明した積極的中立を国際的に知らしめたのは、非武装中立の継続と中米紛争の和平実現を公約に掲げ大統領選に勝利したアリアスであった。一九七〇年代後半のニカラグアのサンディニスタ政権と反政府勢力コントラの内戦は、中米諸国に波及し、東西対立と相まって、ソ連はニカラグアのサンディニスタ政府、エルサルバドル反政府勢力およびグアテマラ反政府勢力を支援し、アメリカはコントラ、エルサルバドル政府およびグアテマラ政府を支援するという複雑な様相を呈していた（図2参照）。

大統領に就任したアリアスは、中米紛争において中立の立場に立つことを宣言し、大統領選で掲げた公約の中米和平に乗り出した。アリアスが中米和平の必要性を説いたのは、コスタリカの平和が維持されるには、周辺諸国の平和が必要不可欠であり、そのためには

図2

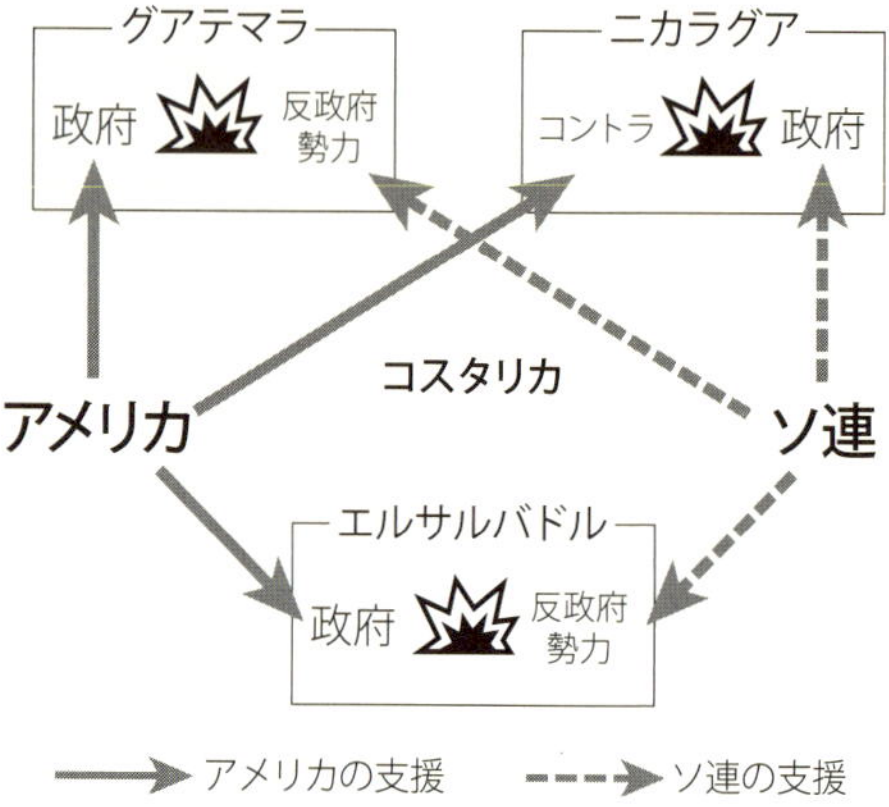

コスタリカが積極的な仲介者となる必要があると考えたからである。

アリアスは、①ニカラグアの早急な戦闘停止、②恩赦、③コントラへの支援停止、④政府と反政府勢力の対話と国内和解の推進、⑤自由な選挙の実施と民主化の推進を内容とする和平案を提示し、若干の修正を経て、一九八七年にホンジュラスを加えた中米五ヵ国の大統領による首脳会議において「グアテマラ和平合意文書」を実現させた。和平合意が成功するには、関係当事国すべての同意を得る必要があるが、活発化する反政府勢力によるゲリラ活動や政府側の引き締め強化などが深刻化した中米紛争において、当初、和平の実現は困難であるとの見通しが支配的であった。そうしたなかで、四ヵ国すべての首脳から同意を取り付け、和平合意文書が成立したのは、武力に頼らない紛争解決のために、紛争当事国間の仲介者としての役割を積極的に引き受け、民主化の推進に努めることを旨とする積極的中立を実践したコスタリカ大統領アリアスの提案によるものであったからだといえるだろう。この功績を評価されたアリアスは、一九八七年度のノーベル平和賞を受賞した。

朝鮮戦争後の休戦協定

中立国は、戦争の当事者間で停戦合意に至ったあとに展開される国際的な休戦監視の役割を果たすことがある。ここでは、現在も永世中立国スイスがその任にあたっている、朝鮮戦争の休戦協定で設置された中立国監視委員会に焦点をあててみよう。

一九五〇年に勃発した朝鮮戦争において、国連安保理は、ソ連が中国の代表権問題[*1]を理由に欠席している間に、北朝鮮の韓国への武力攻撃を平和の破壊と認定し、北朝鮮に敵対行為の即時停止、北緯三八度線までの撤退を求めた。しかし、北朝鮮が応じなかったため、安保理は、朝鮮における国際の平和と安全を回復するために必要な援助を与えるよう加盟国に勧告し、アメリカが指揮権を行使する朝鮮国連軍がNATO諸国など合計一六カ国[*2]によって編成された。第一章で指摘したように、安保理が加盟国を拘束しない勧告の形式で加盟国に協力を要請しているにすぎない場合、加盟国は中立の立場に立つことができる。朝鮮国連軍に参加しなかった一部の加盟国はのちに中立国と呼ばれるようになり、以下のように、朝鮮戦争の休戦維持に一定の役割を果たすよう求められた。

中国義勇兵が北朝鮮側として参戦した後、三八度線近くで一進一退の攻防が続いていた一九五三年、朝鮮戦争の休戦協定が国連軍総司令官と朝鮮人民軍最高司令官・中国人民義勇軍司令官の間で締結された。この休戦条項の遵守を監視するために設けられたのが「中立国監視委員会」である。ここでいう中立国とは、必ずしも永世中立国や中立主義国に限定されるわけではなく、朝鮮戦争に参加していない国家で委員会を構成するものとされ、国連が推薦するスイスとスウェーデン、共産軍側が推薦するポーランドとチェコスロバキアの四カ国で発足した。現在は、チェコスロバキアの分離（一九九二年）や北朝鮮の要請でポーランドが撤収したこともあり、スイスとスウェーデンの将校数名だけが監視しているが、スイスとスウェーデンの駐留は、休戦協定が現在も遵守されていることの証明ともなっている。

なお、朝鮮戦争の休戦交渉では、中立国によって構成される捕虜交換のための送還委員会も設けられ、国連側を代表する中立国としてスイスとスウェーデン、共産軍側を代表する中立国としてポーランドとチェコスロバキアが、傷病捕虜交換協定に基づいて捕虜交換を行った。また、捕虜送還問題の解決に奔走したインドが、本国での処罰をおそれて即時送還を希望しない捕虜を管理する中立国として、捕虜の交換を行った。

国際連盟よりも強化された集団安全保障によって国際の平和と安全の維持を図ろうとする国連の時代に、中立はもはや時代遅れであるとの批判にさらされながらも、右に示したように、中立国は国連の枠組みの内外で一定の役割を果たした。その背景には、米ソが対立する東西冷戦のもとに発生した局地的な武力紛争に、米ソを中核とする国連安保理が期待されたとおりに機能しなかったことがある。

中立国はさらに、国連が冷戦構造のなかで生み出した国連平和維持活動（Peacekeeping Operations：ＰＫＯ）にも積極的にかかわっていく。とりわけ冷戦後に新たな任務が与えられたＰＫＯは、その部隊自体が紛争当事者となりうるなどさまざまな問題を抱えているため、節を改めてやや詳しく論じていくことにする。

二〇一五年に改正された国際平和協力法（ＰＫＯ協力法。改正国際平和協力法については第五章第三節を参照）では、自衛隊の新たな任務として、国連職員、他国軍兵士などが武装集団に襲われた場合に武器をもって救援する「駆けつけ警護」が追加された。現在、自衛隊が参加している国連南スーダン共和国ミッション（ＵＮＭＩＳＳ）でも、駆けつけ警護の任務が追加される。冷戦後、ＰＫＯ自体が紛争当事者となってしまう可能性のある国連平和維持活動の現状を知っておくことは、今後の自衛隊の活動を監視していくうえでも有益であると思われる。

二　国連平和維持活動

ヨーロッパの中立国は、ＰＫＯの設立時から積極的に参加しており、ＰＫＯの目的とされた紛争の拡大・再燃の防止に大きく寄与してきた。ＰＫＯは、戦争ないし武力紛争がいったん当事者の合意によって停戦を迎えたあとに展開されるものであり、戦争と深くかかわる国連の活動のひとつであるが、本来戦争や武力紛争にかかわってはならないはずの中立国がＰＫＯに参加したのはなぜなのか。結論からいえば、ＰＫＯの基本原則のひとつである公平性原則（紛争当事者のいずれにも加担しないこと）が永世中立国の戦争に対する中立の立場と一致していたからである。紛争当事者やＰＫＯを派遣する国連の側からみれば、ＰＫＯの基本原則である公平性原則が中立国の参加によって一定程度担保され、ＰＫＯに対する信頼を高める効果をもたらしてもいた。

したがって本節では、ＰＫＯの基本原則である公平性原則を中心に、現在のＰＫＯの状況にも触れながら、永世中立国とＰＫＯの関係について述べていく。

ＰＫＯの意味と基本原則

ＰＫＯとは

国連ＰＫＯとは、「国際平和を脅かす地域的な紛争や事態に対して、国連が関係国の要請や同意の下に、国連の権威を象徴する一定の軍事組織を現地に駐留せしめ、これらの軍事機関による第三者的・中立的役割を通じて、地域的紛争や事態を平和的に収拾することを目的とした国連活動」（香西『国連の平和維持活動』二〜三頁）と定義される。ＰＫＯの具体的任務としては、①小規模で軽武装の平和維持軍が敵対する紛争当事者間の兵力を引き離し、緩衝地帯を設置し、兵員の武装解除を行う任務、②非武装の停戦監視団によって紛争当事者間の停戦を監視する任務に大別され、平和維持軍と停戦監視団は、あわせてＰＫＯ要員、あるいは国連要員と呼ばれる。

ＰＫＯは、国連憲章にあらかじめ定められた活動ではない。東西冷戦で安保理が機能不全に陥り、有効な集団安全保障措置を発動できなかったために、国連が武力紛争に対して何らかの対応を迫られた結果として実践的に編み出されたものである。

ＰＫＯの基本原則

ＰＫＯの先例として重要なのは、一九五六年のスエズ動乱（第二次中東戦争）において、機能麻痺に陥った安保理に代わって、国連総会が停戦を確保・監視するために現地に派遣した国連緊急軍（UNEF）である。UNEFの設立に中心的な役割を果たした当時の国連事務総長ダグ・ハマーショルドは、設立にあたり、「UNEFの設置及び活動に基づく経験の研究摘要」をまとめ、そこに示された諸原則がその後のPKOにおいても踏襲された。これらの諸原則のうち、最も基本的かつ重要な原則は、(一) 紛争当事者の受け入れ同意、(二) 自衛以外の武力行使禁止、(三) 公平性であり、この三つはPKOの基本原則といわれる。

(一) 同意原則

安保理が強制措置を発動して紛争の根本的な解決や終結を図るのとは異なり、PKOの目的は紛争を拡大・再燃させないことにあり、その派遣は、紛争当事者の自発的な同意に基づいている。紛争当事者の同意のないPKOが展開されると、他方の紛争当事者が国連からの武装解除の要請や兵力の引き離しといったPKOの任務を拒否することが予想される。そうした状況で紛争当事者にあえてこれを強要することがあれば、PKO要員が紛争当事者と対立する事態になりかねない。したがって、PKOの派遣にあたっては、紛争当事者すべての同意を得なければならない。

(二) 自衛以外の武力行使禁止原則

平和維持軍が任務を実効的に遂行していくために、ＰＫＯは自衛において必要な限りで武器の使用が許される。自衛以外の武器使用を認めれば、武力衝突の潜在的な可能性が増し、平和維持軍と紛争当事者の間の関係が悪化する事態を招きかねないためである。平和維持軍の武器使用の制約は、ＰＫＯが軍事的な強制措置でないことの当然の帰結である。したがって、平和維持軍が紛争当事者と交戦状態に入ることは、当然ながら許されない。

(三) 公平性原則

ＰＫＯは、特定の政治的な判断を強制・決定づけるような影響力を行使してはならず、紛争当事者の双方に対して完全な公平性をもって行動すべきとされる。ＰＫＯは、紛争当事者すべての同意によって成立するものである以上、紛争当事者間の政治的なバランスに影響を与えたり、いずれか一方に特定の保護を与えるようなことは許されないのである。したがって公平性原則は、紛争当事者を平等に扱い、紛争当事者間の紛争に介入しないことを意味する中立性（neutrality）と同じ意味である。

初期のＰＫＯが紛争に少なからず利害関係を有する大国の参加を排除し、中立な中小国（例えば、スウェーデン、フィンランド、インド、オーストリアなど）によって組織されたのは、公平性原則のこうした意味内容によるところが大きい。冷戦期における戦争の多くは、直接的・間接的にアメリカとソ連の二大国がかかわっており、こうした大国の影響を排除し、紛争当事者のいずれにも与しない中立国のＰＫＯ参加が紛争の再燃防止に有効であると考えられたのである。

基本原則相互の関連

三つの基本原則は相互依存的な関係にあるといわれる。一つでも基本原則が欠けると、ＰＫＯ要員と紛争当事者の間での軍事衝突にまで発展する可能性がある。ＰＫＯ要員の中立的態度は、紛争当事者の同意に由来して維持されるのであるから、公平性原則はあらゆる段階で備わっている必要がある。また、平和維持軍が自衛以外で武器を使用することになれば、平和維持軍が紛争当事者の一方と戦闘状態に入り、それは他方の紛争当事者に国連が肩入れすることを意味し、ＰＫＯの公平性原則は失われる。こうした事態は、紛争当事者のＰＫＯ派遣に対する同意の撤回を導きかねない。

冷戦後のＰＫＯ

冷戦終結後に表面化した民族対立や宗教上の対立から発展した武力紛争への関与を求められた国連は、ＰＫＯ任務の多様化によってこうした紛争に対応している。冷戦後に設置されたＰＫＯは、停戦監視、武装解除、兵力引き離しといった従来型ＰＫＯのほかに、(一) 平和強制型ＰＫＯ、(二) 複合型ＰＫＯ、(三) 武力行使を付与された複合型ＰＫＯの三つに大別される。

(一) 平和強制型PKO

平和強制型ＰＫＯは国連憲章第七章のもとで任務を遂行するＰＫＯを指し、特に軍事的な強制措置の権限が安保理によって与えられた活動をいう。強制力を用いてＰＫＯが展開されるということは、ＰＫＯが紛争当事者の同意を要することなく紛争地域に派遣され、またＰＫＯ部隊には自衛の場合にとどまらず任務遂行のための武力行使が認められることを意味する。

紛争当事者の同意を得ないだけでなく広範な武力行使までも認めるＰＫＯが派遣されるようになったのは、冷戦後頻発する地域紛争・内戦に対応する必要があったためである。これらの紛争の特徴は、紛争当事者である武装グループの多さであり、すべての紛争当事者から同意を取り付けるのが容易でなく、また停戦合意やＰＫＯ派遣の同意が得られてもすぐに破られてしまうことも珍しくない。さらに民族対立を原因とする紛争では、対立する民族に対して大規模な人権侵害や大量虐殺が行われることもあり、すみやかな派遣が求められることもある。こうした事態に対処するための武力行使がＰＫＯには必要であると考えられたのである。

平和強制型ＰＫＯの例は、冷戦終結後間もなくして内戦が激化したソマリアに派遣された第二次国連ソマリア活動（ＵＮＯＳＯＭⅡ）と旧ユーゴスラビアに派遣された国連保護軍（ＵＮＰＲＯＦＯＲ）の二つである。

ＵＮＯＳＯＭⅡは一九九三年、ソマリアの武装勢力がアディスアベバ協定により停戦合意と武装解除に合意したことを受けて設置された。ＵＮＯＳＯＭⅡは、武装解除を拒むアイディド派を武力制圧し、同派との対決姿勢を鮮明にした。ＵＮＯＳＯＭⅡとアイディド派の深刻な対立により、ＵＮＯＳＯＭⅡは紛争当事者となってしまい、任務を成し遂げられずに失敗に終わった。

ＵＮＰＲＯＦＯＲは一九九二年、旧ユーゴスラビアにおける内戦の停戦監視を目的として設置された。安保理は戦闘が激化するなか、いくつかの場所を戦闘から守るために「安全地帯」を設定したが、セルビア勢力による攻撃はやまず事態は沈静化しなかったため、ＵＮＰＲＯＦＯＲに対して武力行使の権限を与えた。しかし、ＵＮＰＲＯＦＯＲ要員がセルビア勢力の人質として拘束される事件も起きるなど、度重なる妨害によって十分に任務を遂行することができずにボスニアから撤退した。

(二) 複合型ＰＫＯ

一九八九年に展開された国連ナミビア独立支援グループ（ＵＮＴＡＧ）は、兵力引き離しの任務に加えて、国連の監視と管理下で行われる自由選挙を通じて、ナミビア独立を早期に実現させるというこれまでにない任務を与えられたＰＫＯであった。複合型ＰＫＯ、ないし多機能型ＰＫＯと呼ばれるこの種のＰＫＯは、従来型ＰＫＯの任務を遂行しつつ、紛争原因そのものを取り除くためにさまざまな観点から平和を達成しようとする。具体的には、難民の帰還・再定住の支援、人権状況の監視、選挙の監視、国家の統治機構の再建など、従来、国内問題とされてきた領域に踏み込んだ任務を含んでいる。こうした複合的な任務に伴って、これまでの軍事要員に加え、警察官、選挙スタッフなど文民要員の需要が拡大している。

なお、一九九二年に成立した「国際連合平和維持活動等に対する協力に関する法律」(国際平和協力法、ＰＫＯ協力法)に基づいて日本がはじめて参加したＰＫＯが、複合型ＰＫＯの第二次国連アンゴラ検証団(ＵＮＡＶＥＭⅡ)である。政府は、アンゴラの内戦終結後に締結された和平協定のもとで実施された選挙支援のために、三名の選挙監視要員を派遣した。同年、自衛隊初の派遣となった国連カンボジア暫定統治機構(ＵＮＴＡＣ)も、複合型ＰＫＯに分類される。ＵＮＴＡＣは、内戦のあとに成立した和平協定に基づいて、停戦監視、武装解除といった従来の任務に加え、カンボジアの国家再建のための選挙の実施、新政権誕生までの暫定的な行政機能の遂行といった任務を行った。

(三) 武力行使を付与された複合型PKO

一九九〇年代後半以降に派遣されたほとんどのPKOは、複合型PKOに国連憲章第七章の武力行使が付与されたタイプである。[*3] 平和強制型PKOの失敗以降、武力行使を必要とする活動は安保理が多国籍軍にゆだね、それ以外の活動をPKOが請け負うという方式がみられるようになっていた。[*4] しかし、複合型PKOの着実な任務遂行や紛争当事者の和平協定違反に対処するには、PKO自身による武力行使が欠かせないとみなされるようになってきた。直接紛争当事者を武力で抑えることが許された平和強制型PKOと異なるところは、複合型PKOに付与される武力行使は、任務の遂行に必要な限度で認められるか、PKO要員の安全と移動の自由を確保したり文民を保護するために認められるにすぎないという点にある。このタイプのPKOとして、一九九九年に東ティモールの独立を支援するために設置された国連東ティモール暫定行政機構(UNTAET)や、独立後の東ティモールの行政支援、治安維持などを目的として二〇〇二年に派遣された国連東ティモール支援団(UNMISET)、一九九九年にシエラレオネ内戦の終結後に展開された国連シエラレオネ・ミッション(UNAMSIL)、二〇〇〇年にコンゴ紛争の停戦合意の履行監視や停戦違反の調査などを目的として派遣された国連コンゴ民主共和国ミッション(MONUC)などがある。

変わりゆく公平性原則

PKOは本来、自衛以外の武力行使に対して制限的である。それは、平和維持軍が紛争当事者になるようなことがあってはならないからであった。UNOSOMⅡの例が示すように、自衛の範囲を超える武力行使が当事者の一方（アイディド派）になされると、それに強制力が付与されていたとしても、当事者は公平性のあるPKOとみることはなく、PKO要員をも紛争の一当事者とみなす結果を招いてしまう。したがって、軍事的な強制機能をもったPKOが公平性原則とは相容れない性格のものであることは明らかである。

複合型PKOは通常、内戦のあとの国家再建に関する和平計画のなかで役割を果たすことが期待される。その活動に強制的機能は与えられていないものの、和平計画に違反する紛争当事者（違反当事者）が出た場合、国連は違反当事者に対して強制的に――必要であれば武力行使をしてでも――和平計画を実施する必要に迫られることもある。このような措置に出た場合、違反当事者は、PKOの公平性原則が損なわれたと判断して、現地のPKO要員を紛争当事者とみなすおそれがある。アンゴラのケースでは、内戦の当事者であったアンゴラ全面独立民族同盟（UNITA）がUNAVEMⅡの支援によって実施された選挙に不正があったと主張し、内戦が再燃する事態に発展してしまった。安保理はUN

ITAの継続的な軍事行動を非難し、UNITAに対して武器供給と石油製品の禁輸措置を科した。UNAVEMⅡは紛争当事者とみなされるまでには至らなかったものの、このような紛争の一方の当事者に対する介入は、従来のPKOの公平性原則から逸脱している。武力行使付きの複合型PKOは、限定されてはいるものの武力行使が許可されており、ここでも従来の公平性原則からの逸脱がみられる。

公平性原則の変容は、二〇〇〇年にアルジェリア元外相ラフダール・ブラヒミを議長とする国連平和活動検討パネルが国連事務総長に提出した「国連平和活動に関するパネル報告」（通称ブラヒミ報告）にもみられる。これまでのPKOの経験と今後のPKOのあり方を提示したブラヒミ報告が定式化した公平性原則は、すべての当事者に対する中立と同じ意味ではなく、国連憲章の諸原則やそれに基づく任務を忠実に遂行することを意味する。現地の当事者が明らかに侵略者と犠牲者の関係にあるような場合、PKOが侵略者に武力行使することは正当化されるばかりでなく、むしろ道義的にそうしなければならないというのである。

公平性原則は、紛争への不介入という「中立性（neutrality）」から、和平協定の遵守を基準とした紛争当事者に対する「公平性（impartiality）」へと変容し、和平協定を遵守しない、あるいは文民保護や人道支援業務といったPKOの任務を妨害する紛争当事者に対しては断固とした態度に出たとしても公平性原則に反しないとみなされるようになったといえる。

永世中立国の参加

伝統的なＰＫＯ

では、紛争地域に派遣されるＰＫＯに永世中立国が参加することは、いかなる戦争にも参加してはならないという永世中立国に課せられた義務に違反しないのだろうか。

前述したように、非強制的性格である伝統的ＰＫＯが派遣されるには、停戦に合意した紛争当事者がＰＫＯ派遣に同意していなければならない。この派遣同意を取り付け、任務遂行中も同意が撤回されないようにするためには、ＰＫＯがいずれの紛争当事者に対しても neutrality の意味での公平の態度であることを示し続けなければならない。そして公平性は、自衛の場合を除いてＰＫＯ部隊の武力行使を原則として禁止することで確保されることになる。

本来的には、ＰＫＯは敵対行為がいったんおさまった停戦合意後に派遣されるものであり、武力紛争に参加する性質のものではないこと、また武力行使も自衛の場合に制限されることから、永世中立国のＰＫＯ参加は国際法上特に禁止されるものではない。そして、

PKOを基礎づけている公平性原則は、いずれの紛争当事者にも与してはならないとする永世中立国の中立義務と合致するものであり、公平性原則こそ永世中立国がPKOに参加する動機づけになったともいえるのである。PKOが非強制性、中立性の性格を有していたからこそ、永世中立国だけでなく中立主義国も最もふさわしい役割を果たすことができたのである。一方で、永世中立国がPKOに積極的に参加した背景には、PKOに参加することで、時代遅れと批判された中立の再評価につなげたいとの思惑があったともいわれる。PKOへの参加は、永世中立国自身の安全保障政策の側面があったことも否定できないのである。

オーストリアは、PKOへの参加を積極的中立外交の一環と位置づけ、一九六〇年のコンゴ国連軍（ONUC）に医療部隊を派遣して以降、一九六四年の国連キプロス平和維持隊に医療部隊と文民警察を派遣、一九七四年のゴラン高原に派遣された国連兵力引き離し監視軍（UNDOF）には軍事要員を派遣するなど多くのPKOに参加している。[*5] さらに一九六八年には、国連からの要請にただちに応じるために国連待機軍を設立し、PKOに即時に参加できる制度を整えた。

スイスは、PKOへの参加を対立する紛争当事者の間に立つ仲介活動と捉え、こうした活動が国際紛争の抑制にもつながると考えてきた。とはいえ、最初の参加は、UNEFへの人員と物資の輸送援助のみで、ＯＮＵＣや国連パレスチナ停戦監視機構などのＰＫＯにおいても、航空機の提供や民間人である医者・技術者の派遣にとどまるなど、かなり抑制的であった。しかし一九八〇年代後半になると、非武装の停戦監視員や選挙監視員を派遣しはじめ、一九九三年には効果的なＰＫＯ参加のために待機軍を設立した。

冷戦後ＰＫＯ

平和強制型ＰＫＯは、中立なＰＫＯという性格を変えただけでなく、大国の参加を認めず中立の中小国で構成されるという伝統さえも放棄する結果をもたらした。[*6] ＰＫＯの強制的性格に照らせば、公平性原則の放棄は当然の帰結であり、永世中立国が平和強制型ＰＫＯに参加することは許されない。オーストリアとスイスはいずれも、平和強制型ＰＫＯであるＵＮＯＳＯＭⅡとＵＮＰＲＯＦＯＲには参加していない。特にスイスは、国内法でスイス軍が平和強制活動に参加することを禁止しているが、それは平和強制型ＰＫＯの性格を理由にしていると思われる。仮に大国主導のＰＫＯに永世中立国が参加したとしても、中立国本来の特性を活かした貢献はできないし、これまで築いてきた紛争当事者のＰＫＯや永世中立国に対する信頼を崩壊させかねない。

複合型ＰＫＯは、平和強制型ＰＫＯと異なり、強制機能は与えられていないものの、安保理による和平協定の違反者に対する経済制裁をきっかけに、ＰＫＯ要員が紛争当事者になる危険性をはらんでいる。これまで中立性を意味してきた公平性原則が、和平協定の実現を基準とする公平性（impartiality）へと変容したことがこの背景にはある。

武力行使を付与された複合型ＰＫＯの特徴は、平和強制型ＰＫＯと異なり、和平合意のなかで紛争当事者自身が武力行使について同意していることである。この点から、国連憲章第七章で武力行使が付与されているものの、それは強制的であることを意味しないという見解がある。しかし、和平協定に違反したり、ＰＫＯの任務を妨害する当事者が現れた場合、impartiality の意味での公平性原則に基づいてＰＫＯ要員による武力行使が違反当事者に対してなされると、ＰＫＯ要員が紛争当事者となってしまいかねない。そのため、紛争当事者となる可能性のあるＰＫＯに永世中立国が参加することは中立義務違反ではないかという問題が浮上するが、中立義務は国家間の武力紛争にのみ適用されることには留意しておく必要があるだろう。冷戦後のほとんどすべてのＰＫＯが一国家の領域内で争われた内戦終結後に派遣されており、国際法の観点からいえば、こうした内戦には中立義務は原則として適用されない。

スイスが冷戦終結後に提案し、二〇〇一年に国民投票で承認された国防改正法案では、平和維持活動に参加するための法的要件のひとつに「中立性」が挙げられている。これが従来の紛争への不介入を意味する neutrality だとすれば、国連が転換を図った公平性

(impartiality)との間に不一致が生じることになり、国内法上の問題が起こることは避けられない。しかしスイスは、PKOへの参加が国際社会からの孤立を避け、連帯の意思を表明する手段であると同時に、自国の安全保障にも貢献するとの立場に立っているため、今後もPKOを通じた国際貢献を続けていくことが予想される。PKOへの参加が国際貢献となり、それが自国の安全保障にもつながるとみなしているオーストリアも、同じようにPKOに引き続きかかわっていくだろう。

なお、(武力行使を付与された)複合型PKOへの永世中立国の参加は、主なものとして、UNTACにおけるスイスの傷病兵のための輸送機提供、オーストリアの文民警察・軍事要員の派遣、UNAVEMⅡにおけるスイスの輸送機の提供、UNMISETとUNTAETにおけるオーストリアの軍事要員派遣、MONUCとUNMISSにおけるスイスの軍事要員派遣などがある。

三　国際協調・連帯へのパラダイムの転換

ヨーロッパの中立国は、冷戦期の東西イデオロギー対立のなかで、東西の架け橋・調停役を果たすことで中立の存在意義を強調し、国家の存続を図ってきた。第二次世界大戦以後の中立国の主な関心は、東西の軍事ブロックと米ソの代理戦争ともいうべき局地的戦争に対して中立を維持することであった。しかし、冷戦の終結と東側の盟主であったソ連の消滅によって、ヨーロッパの中立国の潜在的な脅威は解消された。ヨーロッパ大陸での戦争の可能性がなくなったうえに、中立政策をとっていたとはいえ、これらの国々は総じて、民主主義、資本主義という西側の政治経済体制に基礎を置いていたからである。したがって冷戦の終結は、中立国にとってみれば、独立を維持するための手段として中立が依然として有効なのかという、安全保障政策の再考を迫るものでもあった。そうしたなか、国連安保理の機能回復や、NATO・EUの東方拡大と安全保障政策の深化など、国際社会の連帯が強化されていったことで、中立国は中立政策が国際社会での孤立を招く要因になりかねないという危機感を抱いた。こうして冷戦終結を機に安全保障政策の見直しをはじめた中立国政府は、国際社会との連帯に同調する方向を打ち出していく。本節では、こうした方針転換をスイスとオーストリアの両政府の主張を手掛かりに解明していくことにする。

スイスの立場

一九九三年の中立白書

現在のスイスの中立と国際社会との関係性についての立場は、一九九三年に発表された「中立に関する白書」（中立白書）に基づいている。中立白書はまず、永世中立が外交安全保障政策の手段であり、スイスは将来も中立国の義務を遵守し続けると述べている。その一方で、現代の紛争のほとんどが内戦であり、国家間の紛争を前提としている一九〇七年の中立条約が時代遅れのものとなっており、また一国家では対処できないテロや難民の増加、環境破壊といった新たな安全保障上の脅威に対する国際的な協力や参加の重要性を説いている。中立白書はこうした点を踏まえ、国連の経済制裁や軍事的な措置、ＥＵのような国連以外の国際組織による経済制裁への参加だけでなく、ＥＵへの加盟も中立の地位と矛盾しないとの立場を明らかにした。

国連加盟とＥＵ非加盟

一九九〇年からの湾岸危機・戦争ですでに経済制裁に参加していたスイスは、中立白書の公表から約一〇年の歳月を経た二〇〇二年、ついに国連加盟を果たした。中立白書はスイスの国連加盟の布石を打っていたのか、最大の障壁と考えられていた国連の制裁への参加について、国連の制裁には国家間の戦争に適用される中立法は適用されないため、永世中立国は軍事的措置を含む国連の制裁に参加できることを明言していた。

これに対してＥＵ加盟はいまだ実現していない。そこには、スイス国民の意見が強く反映されているといわれる。スイス国民の中立に対する思い入れは強く、二〇一〇年の世論調査でも九〇％以上が中立維持に賛成し、またEU加盟には反対であるとの意見が大半を占めている。EU加盟には国家主権の一部の移譲が必要であり、中立がスイスの主権（独立）を支えていると考えているスイス国民にとって、中立と主権は不可分のものであるという理解が深く根ざしているからである。

コソボ紛争

EU非加盟の立場をとりながらもスイスは、コソボ紛争時のユーゴスラビアに対するEUの禁輸措置や資産凍結などの経済制裁（一九九八年）には参加している。中立白書は、地域レベルの経済制裁も、平和の破壊とたたかい国際法規を執行するうえで重要で正当な手段であると述べており、この中立白書の方針がコソボ紛争で実践されたのである。

コソボ紛争におけるスイスの連帯・協力の態度はそれだけにとどまらない。ユーゴ政府とアルバニア系住民が多数を占めるコソボ自治州の間でたたかわれたコソボ紛争で、ユーゴ政府がアルバニア系指導者との停戦を求める安保理決議の受け入れを表明したあと、スイスは、停戦維持の検証などを任務とする非武装のコソボ検証団に二六名の人員を派遣した。

他方で、ユーゴへのNATO空爆（一九九九年）に対するスイスの対応は、連帯と協力の立場から一転する。国際社会による和平の取り組みにもかかわらず、コソボ情勢は悪化の一途をたどり、NATOはアルバニア系住民の人道上の危機を理由にユーゴに対する空爆に踏み切った。スイスは、この事態をNATO諸国とユーゴとの国家間紛争と捉え、NATOがスイスに要求した軍事物資の領空通過を、中立法に基づいて拒否した。NATOによる空爆を許可する安保理の決議がないことが中立法適用の理由であった。安保理による許可のない多国籍軍の軍事行動には中立の立場に立つというスイスの態度は、後述する二〇〇三年のイラク戦争においても貫かれている。

停戦後、スイスはいかなる行動をとったのか。NATO空爆後に成立した和平協定を受けて、停戦維持、難民の帰還、治安維持などの任務に従事するコソボ国際安全保障部隊（KFOR）が、NATOを中心とする三七カ国の構成で安保理決議によって派遣されることになった。スイスは、安保理決議に基づく平和活動であることを理由にKFORに参加している。

NATOの平和のためのパートナーシップ（PfP）への参加

スイスとNATOの関係にも変化がみられる。スイスは、軍事同盟への加盟を禁止する永世中立国の義務にしたがいNATOには加盟していないが、一九九四年に平和維持活動、災害援助、人道援助活動などを目的としてNATOが広く参加を呼びかけたPfP協定を締結した。スイスがPfPへの参加を決断したのは、PfP協定には、参加各国の独自の外交政策に応じてNATOとの協力レベルを決定できるアラカルト方式が採用されていたからである。アラカルト方式によってスイスは、中立政策を維持したままNATOとの協力関係を構築することが認められるのである。

オーストリアの立場

湾岸戦争時の中立関連法改正

一九九〇年、イラクがクウェートからの撤退要求に応じなかったため、安保理はアメリカを中心とする一部の加盟国（多国籍軍）に武力行使を授権した。これを受けてオーストリアは、安保理の許可する軍事行動は国際法上の戦争ではないから中立法は適用されないとの見解を表明し、国内法の整備に着手した。そのひとつが、一方の戦争当事者の援助を禁ずるオーストリア刑法の中立危殆罪の改正であり、中立を危うくする行為に、安保理による国連憲章第七章に基づく軍事的措置は適用されないとする条項を追加した。また、戦争物資の搬入や通過には政府の許可を必要とすると定める戦争物資法にも、国連憲章第七章に基づく安保理の措置の場合には許可は必要としないという規定が追加された。国連のような普遍的な国際組織による行動は国家間の戦争とは区別され、永世中立国が協力・参加することとは永世中立制度と矛盾しないとの理解は、スイスの主張と軌を一にする。実際にオーストリアが多国籍軍に参加して軍事行動に出ることはなかったが、オーストリアは多国籍軍の自国領空通過を認めている。従来であれば中立義務に違反するような対応をとったのは、右のような立場にオーストリアが立ったからである。

EU加盟とPfP参加

東側軍事同盟であるワルシャワ条約機構の解消とソ連の消滅は、スイスとは異なり冷戦に強く影響されて永世中立国となり、東西の架け橋としての役割を自任して自国の存続を図ってきたオーストリアの安全保障政策を、根底から揺るがした。国際テロ、大量破壊兵器の拡散など、一国家では対処できない新たな脅威に対処するためのヨーロッパ安全保障環境の整備がEUやNATOによってなされていたことも、オーストリアの安全保障政策の再考を促した。

右のような事情が背景にあったオーストリアは、「中立から連帯へ」と舵を切り、一九九五年に共通外交・安全保障政策（CFSP）を進めるEU加盟と、*7 NATOのPfP参加を決めた。その参加実績は、以下のようにスイスをはるかに上回っているが、NATOのユーゴ空爆の対応においては、中立を堅持する立場に立ち、NATOによるオーストリア領空の通過要求を拒否している。

ＰｆＰに参加した一九九五年、オーストリア政府は、ボスニア内戦の和平協定の成立を受け、安保理が和平協定を実施するために設置したＮＡＴＯ主導の和平履行軍（ＩＦＯＲ）に、ＰｆＰメンバーとして輸送部隊を派遣している。一九九九年、コソボ紛争後に展開されたＫＦＯＲでも、オーストリア部隊はＰｆＰのもとで停戦監視などの任務についている。現在ではＥＵ部隊（ＥＵＦＯＲ）がボスニア・ヘルツェゴビナの治安維持の任務にあたっているが、ここにもオーストリア部隊が派遣されている。

なおコソボには、ＫＦＯＲとともに、司法行政や地域再建を目的とした国連コソボ暫定行政ミッション（ＵＮＭＩＫ）が国連ＰＫＯとして一九九九年に設置された。その後ＥＵが二〇〇八年からこの任務を引き継ぎ、欧州連合・法の支配ミッション（ＥＵＬＥＸ）を組織しており、オーストリアは、ＵＮＭＩＫに警察官、ＥＵＬＥＸに警察官と司法職員をそれぞれ派遣している。

ＥＵの共通安全保障・防衛政策（ＣＳＤＰ）へのオーストリアの参加は、ヨーロッパを舞台としたものにとどまらず、二〇〇三年にＥＵがはじめてヨーロッパ域外で治安維持などに従事したＥＵコンゴ治安部門改革支援ミッションや、二〇〇八年のチャドでの人道危機を救援するＥＵ平和維持部隊などに拡大している。

右に挙げたＮＡＴＯやＥＵのミッションは、伝統的な平和維持活動から国家再建にかかわる活動、ＩＦＯＲやＫＦＯＲなど安保理によって武力行使を授権された軍事的活動まで広範囲にわたる。こうした任務への参加は、オーストリアの中立の地位に違反しないかが問題となる。この問題について、これらの任務がすべての紛争当事者の同意に基づいて行われていること、中立義務が適用されない内戦に展開されていること、武力行使を含む任務には安保理の授権があることを根拠に違法ではないとの見解がある。しかし、このような国際的な軍事的活動への協力を足掛かりに、リスボン条約四二条七項の相互援助条項(第一章第二節を参照)に基づく集団的自衛行動への参加やＮＡＴＯ加盟にまで発展すれば、永世中立国の軍事同盟の参加や集団的自衛権の行使を禁止する国際法上の義務に違反することになる。

なお、オーストリアの国際組織での活動や任務への参加を根拠づける国内法は、国際機構の枠組みにおける平和活動、災害救助や人道援助活動を任務とするペータースベルク・タスク[*8]などへの派遣を規定する「部隊及び個人の海外派遣の協力及び連帯に関するオーストリア連邦憲法法律」と、「オーストリアは、……欧州連合条約……に基づき欧州連合の共通の外交政策及び安全保障政策に参加する。同条約第四三条第一項の規定による任務(筆者注：ペータースベルク・タスク)への関与並びに一以上の第三国に対する経済及び財政関係が解消、制約又は完全に締結される措置への参加を含む」と定める連邦憲法二三条

j項の規定である。

二〇〇一年の安全保障・防衛ドクトリン

オーストリアは、国際的な安全保障環境の根本的な変化を受けて、一九七五年の防衛ドクトリンに代わる「安全保障・防衛ドクトリン」を二〇〇一年に発表した。そのなかに記されている「中立から連帯へ」と題された項目が重要である。それによれば、まず国連との関係について、一九九一年の湾岸戦争を機に、国連加盟国としての義務が中立義務にまさるという法的な見解がオーストリアでは支配的になったと述べ、冷戦後の政府の立場を再確認している。

次にEUとの関係について、ドクトリンは永世中立の放棄を想像させるような言及をしている。すなわち、憲法改正を伴うCFSPへの無条件の参加や、危機管理のための戦闘活動が含まれるペータースベルク・タスクへの参加は、オーストリアの国際法上の永世中立の地位を根本的に変え、その結果オーストリアは、すでに中立国というよりも非同盟国というにふさわしい国家へと変わったと述べている。

二〇〇一年ドクトリンの結論を中立放棄とみるべきなのか、あるいは中立の相対化とみるべきなのかの判断は難しい。しかし、二〇〇一年ドクトリンの後継文書である二〇一三年の「オーストリアの安全保障戦略」では、非同盟の用語は使用されず、(永世)中立の用語を用いてオーストリアの安全保障政策について言及しており、[9] 二〇〇一年ドクトリンで示した中立放棄の姿勢と非同盟国という位置づけは修正されている。

イラク戦争

二〇〇三年に、アメリカとイギリスを中心とする有志連合軍がフセイン政権下のイラクを軍事攻撃してはじまったイラク戦争は、冷戦終結後、国際的な連帯と参加を進める永世中立国にとって、引き続き連帯と協力の姿勢を示すべきか、あるいは中立を維持すべきかが問われた戦争であった。もし有志連合軍の武力行使が安保理によって認められたものであるならば、有志連合軍に永世中立国が協力し、参加することも、中立に反しないとされる余地があるからである。

有志連合軍の武力行使が安保理の授権に基づいているのかを検討するには、一九九一年の湾岸戦争までさかのぼって経緯をたどっていく必要がある。武力行使に踏み切ったアメリカが、自国の行動をどのように正当化しているかを知るためである。

イラク戦争までの経緯

一九九〇年、イラクをクウェートから撤退させるために安保理は決議六七八を採択し、クウェート政府を支援している加盟国に必要なあらゆる手段（武力行使を含む）を行使することを認めた。この決議を受けて、翌一九九一年、アメリカを中心とする多国籍軍が攻撃を開始し、イラクはクウェートから撤退した。その後、湾岸戦争の停戦決議六八七が安保理によって採択され、イラクが決議六八七を受け入れたことで正式に停戦が成立した。停戦決議六八七がイラクに課した停戦条件は、①国境の不可侵と国境線の画定、②非武装地帯の設置と国連監視団の派遣、③核兵器・化学兵器・細菌兵器といった大量破壊兵器の廃棄と国際機関による査察など多岐にわたる。

決議六八七によって大量破壊兵器の廃棄と査察の受け入れを義務づけられたにもかかわらず、査察妨害を繰り返すイラクに対して、アメリカ大統領ジョージ・W・ブッシュは、二〇〇二年、イラクを「悪の枢軸」と名指しで非難し、イラク攻撃を表明した。これに対し、フランス、ロシア、ドイツ（二〇〇三年から二年間、非常任理事国）などの他の安保理メンバーは攻撃に慎重であった。そのため安保理は、交渉の末、強化された査察をイラクに要求する決議一四四一を採択した。決議一四四一は、これまでイラクが国連査察官や国際原子力機関（IAEA）に協力しなかったこと、大量破壊兵器の廃棄にかかわる決議六八七で要求されている行動を完了しなかったことにより、イラクが決議六八七の義務に「重大な違反」をしていると警告している。

イラクの決議一四四一の受け入れにより、査察は再開されたものの、大量破壊兵器は発見されず、大量破壊兵器の隠蔽を主張するアメリカは、新たな決議の採択を断念して、イラク戦争に踏み切った。

武力行使に関する国際法

武力行使を原則として禁止する現代国際法、とりわけ国連憲章において、例外的に武力行使が許されるのは、個別的・集団的自衛権（五一条）と憲章第七章に基づく国連による軍事的措置（集団安全保障措置）の場合に限られる。したがって、有志連合軍のイラク攻撃が合法であるためには、自衛の場合か国連の軍事的措置に参加する場合かのいずれかでなければならない。

国連の軍事的措置は、安保理の指揮のもとにある国連軍によって行使される場合と、安保理の授権によって加盟国の一部が武力行使する場合（多国籍軍方式）の二つがある。多国籍軍方式は、安保理が決議のなかで、「必要なあらゆる手段」という文言を用いて加盟国に武力行使を許可するという手法がとられ、湾岸戦争における多国籍軍のように冷戦終結後、安保理によって広く利用されている。

もうひとつの例外である自衛権について、憲章五一条は次のように規定している。

「この憲章のいかなる規定も、国際連合加盟国に対して武力攻撃が発生した場合には、安全保障理事会が国際の平和及び安全の維持に必要な措置をとるまでの間、個別的又は集団的自衛の固有の権利を害するものではない。……」

アメリカのイラク攻撃と自衛権との関連で重要なのは、自衛権行使のための要件である「武力攻撃の発生」が現実にどの程度の武力攻撃の発生を必要とするかである。この点、核兵器などの大量破壊兵器による武力攻撃を待って自衛権を行使するのは現実的ではないとの立場から、いわゆる「先制的自衛」も認められるとする学説がある。他方、自衛権を広く認めることは、例外を原則化することにつながりかねず、例外規定としての自衛権行使は、現に武力攻撃が発生した場合、ないし今まさに武力攻撃が行われようとしている場合に制限的に解すべきであるという有力な学説もある。

さて、アメリカのイラク攻撃を自衛権で正当化しようとするならば、イラクがアメリカを攻撃した、あるいは少なくとも攻撃のための行動がイラクによって開始されていたという事実は認められていないため、先制的自衛論に基づいて説明するほかない。アメリカ国内では当初、先制的自衛でイラク攻撃を正当化しようとする議論[*10]もみられた。しかし実際にアメリカが安保理において説明した自国の立場は、先制的自衛論ではなく、安保理の授権によりイラク攻撃は認められているというものであった。決議一四四一やその後の決議でイラクに対する武力行使の権限が明確に与えられていないにもかかわらず、アメリカは、どのような根拠に基づいてこのような主張を展開したのか、確認することにしよう。

アメリカの主張とその問題点

アメリカのイラク攻撃の根拠は、次のとおりである。

①イラクは湾岸戦争の停戦決議六八七で課せられた義務に継続的に重大な違反をしている。また決議一四四一の実施に全面的に協力する義務への違反は、さらなる重大な違反である。
②これらの義務の重大な違反は、湾岸戦争の停戦の根拠を失わせる。
③したがって、決議六七八に基づく武力行使の権限が復活し、イラクに対する武力行使は許可される。

決議六七八による多国籍軍のイラクに対する武力行使の権限は、決議六八七の停戦条件をイラクが受け入れることによって停止したのであって、イラクが重大な義務違反を繰り返している以上、停止していた決議六七八の武力行使の権限が復活し、これがイラク攻撃の根拠となるというのがアメリカの主張である。決議六八七は、決議六七八の武力行使の権限を停止しただけであって終了させたわけではないから、武力行使を認める新たな安保理決議は必要でないというわけである。このアメリカの主張に対しては、次のような批判がある。

決議六七八は、イラクをクウェートから撤退させるためにクウェート政府と協力している加盟国に武力行使を授権したにすぎず、決議六八七の義務を履行させるために武力行使が許可されたわけではない。また、決議六八七による停戦の成立で武力行使を授権した効果は消滅したとみるべきで、イラクが決議六八七や決議一四四一に違反して義務を履行しない場合に行う武力行使には、それを新たに認める授権決議を必要とする。

武力行使を原則禁止する国際法の建前を重視するならば、先制的自衛の否定説がいうように、例外とされる武力行使は制限的、抑制的でなければならず、この主張は武力行使禁止原則のもうひとつの例外である多国籍軍方式にもあてはまるだろう。したがって、アメリカのイラク攻撃を正当化するためには、武力行使を許可する新たな決議が必要なのであって、こうした決議のない武力行使は、国際法に違反する戦争とみなされる。

永世中立国の態度

湾岸戦争がターニングポイントとなって、スイスとオーストリアは、安保理が武力行使を授権した多国籍軍の軍事活動は中立法が適用される国家間の武力紛争に含まれないため、安保理による授権を条件に、中立国が国連の集団的措置に参加・協力することは中立義務に反しないという意向を示した。したがって、一九九九年のユーゴに対するNATO空爆のような安保理の授権のない軍事行動に対しては、中立法が適用されるとして、スイスとオーストリアは、NATOの領空通過の要求を拒否した。二〇〇三年のイラク戦争では、当事国の一方であるアメリカが安保理決議六七八の復活を根拠にイラク攻撃を正当化しているが、これまでみてきたようにこの主張には問題が多い。結論を先取りしていえば、スイスとオーストリアはいずれも中立を宣言し、イラク戦争に有志連合軍の一員として参加することも、有志連合軍へ協力することもなかった。こうした中立維持の決定的な要因には、安保理の授権の有無が関係しているが、以下に両国の主張を確認してみよう。

スイス

スイスは、国連憲章第七章のもとでの安保理決議にしたがった軍事的措置には中立法は適用されないが、国家が安保理の授権なしで他の国家に武力行使した場合、それは中立法が適用される国家間の武力紛争であるとして、一九九三年の中立白書で明らかにした立場をイラク戦争でも踏襲した。①決議一四四一には決議六七八のように「必要なあらゆる手段」、すなわち武力行使を許可する文言がみられないこと、②決議六七八をイラク戦争に援用することはこの決議の採択経緯や目的と異なることを根拠に、イラク攻撃は安保理の授権のない武力行使であるとの考えを表明した。

開戦当日、スイス大統領は連邦議会において、次のようなスピーチを行って、スイスの立場を説明した。すなわち、「アメリカ主導の有志連合が国連安保理の了解なく武力行使を決定した。それゆえ、これは国家間の紛争であり、中立法が適用される。……中立を選択した我々の決定は、スイスの長い伝統と一致するものである。……」

スイスは、中立法の規定にしたがい、アメリカが要求したアメリカ空軍の領空通過を拒否するとともに、紛争当事国への軍事物資の提供を禁止する措置をとった。

オーストリア

オーストリアのイラク戦争に対する態度も、スイスと同じである。イラク戦争の開戦前、オーストリアはイラクに対する戦闘活動への参加を否定した。開戦の翌日になると、オーストリア大統領がテレビ番組を通じて、政府は中立の要求にしたがい、交戦国によるオーストリア領内のいかなる通過も拒否するというスピーチを行った。オーストリアもスイスと同様に、多国籍軍に参加しなかっただけでなく、アメリカ空軍のオーストリア領域の利用や通過を認めなかったのである。その理由は、新たな安保理決議がない以上、オーストリア政府は中立憲法法律の規定にしたがわなければならないというものであった。オーストリアも、イラク戦争は有志連合軍とイラクとの間の国家間の戦争であり、中立法が適用されるという立場に立ったのである。

スイスやオーストリアの今日における永世中立政策は、冷戦時におけるそれとはかなり異なる様相であり、それは国連やEU、NATOとの協力関係の強化というかたちで表れている。オーストリア政府によって一時、永世中立を放棄したかのようなレポートが発表されたが、今後も、特にEU、NATOとの軍事面での連携がさらに深まっていくようであれば、永世中立廃止論が再び活発になり、永世中立放棄が現実のものとなる可能性は十分にある。中立それ自体が国家のアイデンティティともなっているスイスが中立を放棄する可能性は低いと思われるが、オーストリアと同じように、国際協力を推進していく方針に変化はないだろう。この点でスイスが抱える課題は、EU加盟を実現できるかどうかである。中立と国家の存立が一体化しているスイスが、主権統合を目指すEUに無条件で参加できるか、国内議論を見守っていく必要がある。

ヨーロッパの永世中立国が「中立見直し・縮小」の道を進む一方で、冷戦後に国連総会で永世中立を承認されたトルクメニスタンや、同じく国連総会での永世中立承認を目指すモンゴルの出現は、ヨーロッパの中立廃止論とは逆行する現象である。両国はともに、冷戦が終結したあとも続く、ロシアからの過度の政治的、経済的影響を排除するために永世中立国を志向している（トルクメニスタンの永世中立選択の動機については第一章第二節を参照）。モンゴルの永世中立化は、ロシアだけでなく中国からの圧力をかわしたいとの思惑があることも指摘されている。冷戦後のモンゴルは、隣国であるロシアと中国の二大国のいずれにも偏らず、バランスのとれた関係を築くとともに、アメリカ、EU、日本、インドなど第三の隣国との関係を深める多元的な外交を進め、いかなる軍事同盟にも加盟しないという「第三の隣国政策」を外交の基本方針に据えている。モンゴルが表明した永世中立化は、この第三の隣国政策が主要な動機づけとなっているといわれている。

今後、近隣諸国との間に緊張関係がある国家や、周辺地域に武力紛争（の火種）がある国家にとって、永世中立化は周辺国の影響を排除したり戦争に巻き込まれることを防止する有効な手段として利用されるようになるかもしれない。コスタリカの事例はその最たるものといえる。

さて、冷戦終結後も朝鮮半島情勢や中国と台湾の関係など武力紛争の火種を抱える東アジアに位置する日本には、永世中立という安全保障政策の可能性はあるのだろうか。最終章では、軍事力の行使を厳しく制限する——厳密には制限されて「いた」というべきかもしれない——憲法のもとで構築された日本の安全保障の過去と現状や、日本が永世中立国となる可能性について検討していくことにしよう。

＊1　中国の代表権問題とは、国連において「中国」を代表するのは、中華民国（台湾）政府なのか中華人民共和国政府なのかをめぐる問題である。国連設立当初は中華民国政府が中国を代表して国連の活動に参加してきたが、中国大陸全域を支配下に置く人民政府が国連における代表権を主張するようになった。結局、一九七一年の国連総会で代表権が人民政府に切り替えられることになり、中華民国政府は国連を脱退した。

＊2　朝鮮国連軍の参加国は、アメリカ、イギリス、カナダ、フランス、オーストラリア、ベルギー、オランダ、コロンビア、エチオピア、南アフリカ共和国、ニュージーランド、トルコ、ギリシャ、タイ、フィリピン、ルクセンブルクの一六カ国である。

＊3　一九九九年以降、国連憲章第七章が援用されていないPKOは、国連エチオピア・エリトリア・ミッションと国連東ティモール統合ミッションなど数例である。

＊4　例えば、ボスニア・ヘルツェゴビナに派遣されたPKOの国連ボスニア・ヘルツェゴビナ・ミッションと、多国籍軍の和平履行軍などがある。

＊5　オーストリアは、四回にわたる中東戦争を経て、シリアとイスラエルの間で締結された兵力引き離し協定に基づいてゴラン高原に展開されたUNDOFに軍事要員を派遣した。しかしシリア内戦の激化に伴い、二〇一三年に撤収を決定した。

＊6　UNOSOMⅡは、安保理常任理事国のアメリカ、フランスが参加し、UNPROFORには、中国を除くすべての安保理常任理事国が参加した。

＊7　オーストリアではEU加盟にあたり、スイスと同様に、主権の統合を目指すEUに加盟することへの抵抗が国民の間にあったが、一九九四年に実施されたEU加盟の是非を問う国民投票では賛成が約六六％、反対が約三三％で、賛成票が反対票を大きく引き離しEU加盟を後押しした。

＊8　ペータースベルク・タスクは、一九九二年に西欧同盟（WEU）理事会によって決定されたWEUの主要任務で、平和維持活動、人道・救難活動および危機管理のための戦闘活動の三つの任務をいう。ペータースベルク・タスクは、一九九七年のEU条約（アムステルダム条約）に組み込まれ、EUの安全保障政策のひとつとなった。

＊9　二〇一三年文書で中立の語が使われているのは、以下の二カ所である。
「連帯に基づく安全保障政策は、中立国オーストリアの安全保障が現在EU全体の安全保障と大きく相互に連動していることを考慮している」（四頁、傍点筆者）。

「オーストリアは、法の支配によって規律される民主国家である。オーストリアは、基本的人権に関して高い水準を維持しており、またオーストリアの永世中立という憲法上の基本原理に基づいたEUの加盟国である」（八頁、傍点筆者）。

＊10　二〇〇二年にブッシュ政権が発表した「アメリカ合衆国の国家安全保障戦略」では、敵の攻撃の時期や場所が不確定であっても、自己防衛のために先制的な行動をとる根拠はあるとして、テロの脅威や大量破壊兵器のような新たな脅威に対応する必要があると述べている。

第五章　日本は永世中立国となるべきか

戦後日本の安全保障政策は、憲法の平和主義が根幹となって、日米安保体制と国連の集団安全保障体制によって進められてきた。特に憲法九条は、世界的にみても珍しい非軍事平和主義を唱えているが、現実には相当規模の防衛力をもった自衛隊が日米安保体制のもとで日本の防衛にあたり、またＰＫＯを含む国連の集団安全保障体制に基づいた国際協力を行っている。そこでまず、このような日本の安全保障政策が非軍事平和主義を唱える憲法に適合したものといえるのかを検証するために、政府見解を含む九条の解釈論を簡単に振り返る。そして、日米安保体制や国連の平和維持活動を通じた海外での自衛隊の活動に関する政府の主張を確認する。この議論は、次に検討する二〇一五年の安全保障法制の概要を知る基礎となる。こうした議論の整理によって、日本の安全保障政策が日米安保体制を基軸とすることが明らかになり、永世中立と対極にある日米同盟に一貫して依拠してきたことが鮮明になるだろう。

一方、戦後からしばらくの間、日本では、反戦感情と憲法九条が唱える戦争放棄が永世中立の思想と結びついて、永世中立論が活発に議論されたという歴史がある。最終節では、こうした議論と冷戦終結後に提案された注目すべき永世中立論（現代の論者も含む）を取り上げ、若干の私見を述べたい。

一　憲法九条の解釈

日本の安全保障政策は、憲法の平和主義、なかんずく憲法九条の非軍事平和主義に立脚していることに照らし、自衛隊の存在や日米安保条約によるアメリカ軍の駐留が違憲ではないのかが常に問われてきた。ここでは九条がどのように解釈されうるか、また政府はどのような解釈をとってきたかをみていくことにする。

自衛隊の発足

まずは自衛隊創設までの経緯を簡単に振り返っておきたい。日本の再軍備化は、一九五〇年のマッカーサー指令による警察予備隊の創設にはじまる。警察予備隊は、朝鮮戦争の勃発で在日アメリカ軍が朝鮮半島に展開されることに伴って、在日アメリカ軍の代わりに日本国内の治安を維持するために設置されたものである。当初、警察予備隊は、警察力を補うものとされたが、政府は、一九五一年に締結された日米安保条約の前文にある「……自国の防衛のため漸増的に自ら責任を負うことを期待する」という文言に応えるため、一九五二年、警察予備隊を保安隊に改称し、一層強力な実力部隊を整備した。さらに、一九五四年に日米間で締結された「日本国とアメリカ合衆国との間の相互防衛援助協定」における「日本国政府は、……日本国とアメリカ合衆国との間の安全保障条約に基いて負つている軍事的義務を履行することの決意を再確認するとともに、……自国の防衛能力の増強に必要となることがあるすべての合理的な措置を執」るものとするという規定（八条）にしたがい、自衛隊法、防衛庁設置法の防衛二法を成立させ、自衛隊を発足させたのである。

九条の解釈

九条一項は、「日本国民は、正義と秩序を基調とする国際平和を誠実に希求し、国権の発動たる戦争と、武力による威嚇又は武力の行使は、国際紛争を解決する手段としては、永久にこれを放棄する」として戦争放棄を宣言する。そして二項で、「前項の目的を達するため、陸海空軍その他の戦力は、これを保持しない。国の交戦権は、これを認めない」として戦力不保持と交戦権の否認を規定している。

九条の問題としてまず、九条一項が放棄する戦争（武力による威嚇、武力の行使も含む）がどのような戦争を放棄しているのか、具体的にいえば九条一項は自衛のための戦争も放棄しているのかが問われる。この問いについて、（一）限定放棄説と（二）全面放棄説の二つの説がある。

(一)限定放棄説(A説)

九条一項が放棄する「国際紛争を解決する手段として」の戦争とは、一九二八年の不戦条約が同様の文言を使用していることから、不戦条約が放棄した戦争と同じ意味であるとする。不戦条約は、「国際紛争解決ノ為戦争ニ訴フルコトヲ非トシ」、「国家ノ政策ノ手段トシテノ戦争」を放棄した。不戦条約が放棄した国家の政策手段としての戦争とは、従来国家に認められていた侵略戦争を指している。こうした国際法で使用される用語の従来の意味にしたがえば、九条一項は、不戦条約と同じように侵略戦争のみを放棄したのであって、自衛のための戦争や国連憲章上の制裁戦争までは放棄していないとみなければならない。また九条二項の「前項の目的」とは、一項の侵略戦争の放棄という目的をいい、この目的を達成するために戦力の不保持と交戦権を否認したのであるから、自衛のための戦力の保持や交戦権の行使は二項によって禁止されることはない。

しかし、この立場に対しては、自衛戦争が許されるとしても、開戦や軍隊に関する規定が憲法にまったく存在しない、また、侵略のための戦力と自衛のための戦力を区別することは不可能である、といった批判がある。

(二)全面放棄説(B説・C説)

全面放棄説は、侵略戦争と自衛戦争・制裁戦争の双方が放棄されているとするが、この結論に至る理由づけにおいて次の二つの説がある。

①遂行不能説(B説)

遂行不能説は、一項で放棄している戦争が侵略戦争に限定されるとする点で、限定放棄説と変わらないが、二項の「前項の目的」を次のように解する。すなわち、「前項の目的」とは、一項の「正義と秩序を基調とする国際平和を誠実に希求」するという一項全体の趣旨を指しており、二項はその目的を達成するために一切の戦力不保持と交戦権否認を規定している。したがって、一項で自衛戦争が放棄されていないとしても、二項が自衛のための戦争と制裁戦争を遂行する戦力の保持を認めていない以上、結果としてすべての戦争が放棄されなければならない。

②峻《しゅん》別《べつ》不能説(C説)

峻別不能説は、およそ「国際紛争を解決する手段」ではない戦争というものは現実にはあり得ず、侵略戦争と自衛戦争をわけることはそもそも不可能であるとみる。そして歴史的に侵略戦争の多くが自衛の名のもとに行われてきたことに鑑みれば、一項は、すべての戦争を放棄しているとみるべきとする。したがって、二項は、一切の戦争放棄を達成する

九条の解釈

	一項で放棄される戦争	二項の「前項の目的」	九条全体の意味
A説	侵略戦争	侵略戦争のための戦力不保持	自衛戦争可能 自衛のための戦力可能
B説	侵略戦争	一項全体のための戦力不保持	自衛戦争可能 自衛のための戦力不可
C説	一切の戦争	一切の戦争放棄のための戦力不保持	一切の戦争不可 一切の戦力不可

ために戦力を保持しないことを裏づけた規定としての意味をもつ。

政府見解

政府の解釈は、憲法制定当時から必ずしも一貫しているとはいえないが、B説の立場に立ちながら、自衛隊創設に踏み切った一九五四年、戦力を自衛に必要な最小限度を超えるものと定義し、その限度を超えない実力をもつことは九条によって禁止されないという見解を示した。そして、二項が定める交戦権を、相手国の兵力の殺傷や破壊、占領地行政の権利、敵性船舶の拿捕など「交戦国が国際法上もつ権利」の総称として捉え、自衛権に基づく必要最小限度の実力行使として相手国兵力の殺傷・破壊を行うことは、この交戦権の行使とは別の観念であるとの立場に立っている。

政府は、自衛のための必要最小限の実力部隊としての自衛隊が憲法に違反しないとする立場をより一層明確にするために、自衛隊の防衛力や武力行使の要件・行動範囲を定めた。政府によれば、自衛隊がもてる兵器は防衛用兵器に限られ、性能上相手国を壊滅的に破壊するために用いられる大陸間弾道ミサイルや他国に侵略的脅威を与える攻撃用空母などの攻撃的兵器をもつことは許されない。

また、自衛隊の武力行使が正当化されるには、①外国の武力攻撃によって国民の生命、自由、幸福追求の権利（日本国憲法一三条）が根底から覆されるという日本に対する急迫不正の侵害が存在すること、②侵害を排除するために他に適当な手段がないこと、③自衛のための実力行使は必要最小限度にとどまるべきこと、の三要件を満たす必要がある。政府が従来、日本に対する武力攻撃ではなく、他国に対する武力攻撃を阻止するためになされる集団的自衛権の行使は憲法上許されないと主張してきたのは、自衛隊の武力行使が日本に対する侵害に対処する場合に限り許されるとしてきたからである。

そして政府は、右の三要件を満たすことを前提に、自衛のための実力行使が許される地理的範囲は日本の領域と公海・公空にも及ぶが、武力行使の目的で自衛隊を他国へ派遣する「海外派兵」は、自衛のための必要最小限度を超えるものとして許されないと説明してきた。

政府は、個別的自衛権を行使する場合であっても、憲法上、必要最小限度という制約により、攻撃的兵器の保持の禁止、海外派兵の禁止といった二重三重のしばりがかかっているため、九条の趣旨には反しないと説明してきたわけである。

なお、駐留アメリカ軍が二項の戦力に該当するか否かについて、政府は、アメリカ軍の駐留の合憲性が争われた砂川事件最高裁判決と同じ立場に立っている。同判決によれば、二項が「保持を禁止した戦力とは、わが国がその主体となってこれに指揮権、管理権を行使し得る戦力をいうものであり、結局わが国自体の戦力を指し、外国の軍隊は、たとえそれがわが国に駐留するとしても、ここにいう戦力には該当しないと解すべきである」として、アメリカ軍の駐留は合憲であると判断した。[*1]

二　戦後の安全保障体制の推移

日米安保条約

旧安保条約

第二次世界大戦後間もなくして制定された日本国憲法が独自の軍事力をもつことを禁じたことによって、政府は、日本の安全保障を国連の集団安全保障制度にゆだねる構想を打ち出していた。この構想の前提には、米ソを中心とする安保理が機能を十分に果たすことが念頭に置かれていたのであるが、冷戦の開始によって、この方針は変更せざるを得なくなった。その結果日本政府は、国連加盟に努めつつも、日本の安全保障をより確実なものとするアメリカとの安全保障の実現に取り組みはじめる。東アジアにおける冷戦構造は、一九四九年の中華人民共和国の成立や、一九五〇年の朝鮮戦争によって顕在化していた。反共のとりでとして、また朝鮮戦争の前線基地として、重要な戦略的価値をもつ日本との安保条約の締結は、アメリカにとっても東アジアの軍事的プレゼンスを維持するために必要であった。両国の思惑の一致は、一九五一年のサンフランシスコ平和条約の直後に締結された「日本国とアメリカ合衆国との間の安全保障条約」(旧安保条約)によって実を結んだ。

旧安保条約は、一条で、アメリカが軍隊を日本国内とその付近に配備する権利を日本が認めること、外国の教唆《きょうさ》・干渉によって引き起こされた内乱を日本政府の要請によってアメリカ軍が鎮圧すること(内乱条項)、二条で、アメリカの事前の同意なく第三国に基地を利用させないこと(第三国条項)を骨子としていた。また、一九五〇年に勃発した朝鮮戦争を反映して、アメリカ軍が「極東における国際の平和及び安全の維持に寄与」するという極東条項(一条)も挿入されている。

新安保条約

旧安保条約には内乱条項や第三国条項といった不平等な内容が含まれていたり、日本が軍事力をもたない段階での日本防衛の義務に難色を示したアメリカの意向で、アメリカの日本防衛の義務が明確に規定されていないといった問題が指摘されていた。そこで、これらの問題を解消するために新たに締結されたのが一九六〇年の「日本国とアメリカ合衆国との間の相互協力及び安全保障条約」（新安保条約）である。

新安保条約の中核となる規定は、「各締約国は、日本国の施政の下にある領域における、いずれか一方に対する武力攻撃が、自国の平和及び安全を危うくするものであることを認め、自国の憲法上の規定及び手続に従つて共通の危険に対処するように行動する」ことを定めた五条（共同防衛）と、日本の安全と極東における国際の平和と安全の維持に寄与するために、日本がアメリカ軍に対して基地提供の義務を負うことを定めた六条である。

新安保条約では内乱条項が削除され、旧安保条約で明記されなかったアメリカの日本防衛義務を定める一方で、日本が基地提供の義務を負うといった相互性（双務性）が備えられた。しかし、新安保条約の定める相互性は、憲法九条の制約によって、日本がアメリカを防衛する義務を負うことができないため、通常の同盟条約にみられる締約国相互の防衛義務を意味するものではない。

新安保条約は、旧安保条約と同じように日本の領域外の極東有事に対処するために在日アメリカ軍基地の利用を認める規定を置いたが（六条事態）、アメリカの戦争に日本が巻き込まれることがないようにするため、新安保条約の付属書である「条約第六条の実施に関する交換公文」で、①アメリカ軍の日本への配置における重要な変更、②核の持ち込みなど装備における重要な変更、③アメリカ軍による日本から行う戦闘作戦行動のための基地使用には、日米両政府による事前協議が行われることになり、在日アメリカ軍が日本の意思に反して行動することのないような制約が課されている。だが現実には、核搭載の米艦船の寄港・通過を日本政府は黙認し、また朝鮮半島有事の際には、在日アメリカ軍が事前協議なしに出撃できるといった密約が日米間で交わされており、この文書は空文化していたことが明らかになっている。

日米防衛協力のための指針（ガイドライン）

一九七八年、日米の共同訓練や共同作戦の研究といった新安保条約の円滑な運用を進めるため、「日米防衛協力のための指針」（七八年ガイドライン）が策定された。このガイドラインでは、日本に対する武力攻撃があった場合の自衛隊とアメリカ軍による協力が定められている。具体的には、①侵略を未然に防止するための態勢、②日本に対する武力攻撃に際しての対処行動等、③日本以外の極東における事態で日本の安全に重要な影響を与える場合の日米間の協力、の三つの項目からなり、日本が武力攻撃された場合の自衛隊とアメリカ軍の協力態勢の整備など、日米の防衛協力を前進させる内容が盛り込まれていた。

しかし、日米共通の敵とみなされてきたソ連の消滅に代表される冷戦の終結は、日米同盟の存在意義を問い直すきっかけとなった。一九九四年からはじまった日米同盟再定義プロセスはそのひとつである。一九九六年には、両国首脳による「日米安全保障共同宣言――二一世紀に向けての同盟」が発表され、日米の同盟関係がもつ重要な価値を再確認した。同宣言は、安保条約が日米同盟関係の中核であり、二一世紀に向けてアジア太平洋地域において安定的な繁栄を維持する基礎であることを確認し、安保条約の地理的範囲を極東からアジア太平洋地域へと拡げた。さらに日米間の緊密な協力関係を増進させるため、七八年ガイドラインが見直され、一九九七年、新たな「日米防衛協力のための指針」（九七年ガイドライン）が策定された。

九七年ガイドラインは、①平素からの協力、②日本に対する武力攻撃に際しての対処行動、③周辺事態（日本周辺地域における事態で日本の平和と安全に重要な影響を与える場合）の協力、の三つの項目についての日米協力のあり方を示した。七八年ガイドラインが「極東における事態」に対処しようとしていたのに対し、九七年ガイドラインでは、日本の平和と安全に重要な影響を与える「周辺事態」に対して日米協力が約束された。九七年ガイドラインを受けて、周辺事態におけるアメリカ軍への自衛隊の後方支援体制を構築する「周辺事態に際して我が国の平和及び安全を確保するための措置に関する法律」(周辺事態法)が一九九九年に制定された。②についても「武力攻撃事態等における我が国の平和と独立並びに国及び国民の安全の確保に関する法律」(武力攻撃事態法)が二〇〇三年に制定された。武力攻撃事態法は、外部から武力攻撃が発生した事態や武力攻撃が発生する明白な危険が切迫していると認められるに至った事態に対して、合理的に必要とされる限度での武力行使を認めている。

安全保障環境の変化や海賊・国際テロといった新たな脅威に対処するため、二〇一五年、一八年ぶりとなる「日米防衛協力のための指針」(新ガイドライン)が策定されたが、これについては、第三節の新安全保障法制との関連で扱うことにする。

イラク戦争への協力

二〇〇三年のイラク戦争に先立ち、日本は、二〇〇一年九月一一日のアメリカ同時多発テロを受けて、「平成十三年九月十一日のアメリカ合衆国において発生したテロリストによる攻撃等に対応して行われる国際連合憲章の目的達成のための諸外国の活動に対して我が国が実施する措置及び関連する国際連合決議等に基づく人道的措置に関する特別措置法」(テロ特措法)を制定し、アメリカへの支援を可能にする準備を整えていた。テロ特措法に基づいて、アフガニスタンでの戦闘に従事する多国籍軍のために、自衛隊がインド洋で行った補給・給油活動は、戦時下で海外派遣されたはじめてのケースであった。

さて、二〇〇三年、安保理によって新たな授権決議が採択されないなかでアメリカが行ったイラク攻撃に対して、日本政府はいち早くアメリカの立場を支持したが、武力行使や戦闘行為に参加することはないことも表明した。同時に、戦後のイラク復興支援のために国際社会の一員として責任を果たしていくことも明らかにしていた。

戦闘開始から約二カ月後のアメリカ大統領ブッシュによる戦闘終結宣言を受けて、安保理はイラクの復興支援などへの貢献を要請する決議一四八三を採択した。日本は、この安保理決議を踏まえ、「イラクにおける人道復興支援活動及び安全確保支援活動の実施に関する特別措置法」(イラク特措法)を制定し、イラク復興支援のための法整備を行った。

二〇〇四年、イラクに暫定政府が発足し、アメリカを中心とする連合国暫定当局からイラク暫定政府に主権が移譲されたが、暫定政府の要請でイラクにおける治安と安定の維持を任務とする多国籍軍の駐留が、安保理決議一五四六によって決定された。自衛隊は、この多国籍軍の一員として参加することになり、イラク特措法に基づいて人道復興支援活動を行うとともに、安全確保支援活動にも携わることになった。安全確保支援活動には、航空自衛隊がアメリカ軍を中心とした多国籍軍兵士をバグダッドに輸送する任務も含まれており、航空自衛隊によって輸送された兵士は、バグダッドで武装勢力との戦闘に従事した。当然のことではあるが国内では、自衛隊の後方支援は外国軍隊の武力行使と一体化しており、憲法によって禁止される「武力行使」にあたるのではないかとの懸念の声があがった。これに対し政府は、外国軍隊の武力行使との一体化にあたるか否かは次のように判断されると説明した。すなわち、①戦闘活動が行われている、または行われようとしている地点と当該行動がなされる場所との地理的関係、②当該行動の具体的な内容、③他国軍隊の武力行使の任にあたる者との関係の密接性、④支援を受ける他国軍隊の活動の現況、などの諸般の事情を総合的に勘案して個別的・具体的になされるべきとした。

たしかにテロ特措法やイラク特措法では、外国軍隊と一体化しないよう、自衛隊の活動地域を「現に戦闘行為（国際的な武力紛争の一環として行われる人を殺傷し又は物を破壊する行為をいう。）が行われておらず、かつ、そこで実施される活動の期間を通じて戦闘行為が行われることがないと認められる」地域（非戦闘地域）に限定している（テロ特措法二条三項、イラク特措法二条三項）。

政府は、テロ特措法に基づくインド洋での自衛隊の活動自体は武力行使にあたらない補給、輸送の支援活動であり、その性格や内容を考慮すれば、外国軍隊の武力行使と一体化することはないとの立場に立った。さらにイラク特措法における自衛隊の活動地域についても、独自に収集した情報や諸外国からの情報を総合的に勘案し、非戦闘地域であると判断し、航空自衛隊による兵士の輸送活動も憲法の範囲内でイラク特措法に基づき適法に行われたとの認識を示している。

しかし、アメリカによる戦闘終結宣言後もイラク情勢は悪化の一途をたどり、多国籍軍と武装勢力の間の戦闘が激しさを増していくなかで、航空自衛隊が安全確保支援活動の一環として多国籍軍兵士を戦闘地域に輸送した行為は、政府自身が憲法上の制約としてもち出した「武力行使の一体化」論や「非戦闘地域」概念に抵触する可能性がある。

この点、二〇〇八年、イラク特措法に基づく自衛隊派遣の差止めを求めた控訴審判決で名古屋高等裁判所が示した司法判断は注目に値する。判決は、多国籍軍と武装勢力との間の戦闘行為や被害の実態を詳述し、こうした戦闘は「実質的には当初のイラク攻撃の延長であって」、国または国に準じる組織の間に生じる国際的武力紛争であると判断した。

そのうえで、「航空自衛隊の空輸活動は、……イラク特措法上の安全確保支援活動の名目で行われ……、それ自体は武力の行使に該当しないものであるとしても、多国籍軍との密接な連携の下で、多国籍軍と武装勢力との間で戦闘行為がなされている地域と地理的に近接した場所において、……多国籍軍の武装兵員を定期的かつ確実に輸送しているものであるということができ、現代戦において輸送等の補給活動もまた戦闘行為の重要な要素であるといえることを考慮すれば」、多国籍軍の兵員の空輸は、「他国による武力行使と一体化した行動であ」り、さらに、「政府と同じ憲法解釈に立ち、イラク特措法を合憲とした場合であっても、武力行使を禁止したイラク特措法二条二項、活動地域を非戦闘地域に限定した同条三項に違反し、かつ、憲法九条一項に違反する活動を含んでいる」と結論づけたのである。

なお、多国籍軍とイラク国内の武装勢力との戦闘行為の実態を重視する本判決の立場に立てば、日本は、この国際的武力紛争において、中立国ではなく、交戦国の立場で参加したと評価されることになるだろう。

国連の集団安全保障

戦後日本の安全保障を国連の集団安全保障体制を軸に検討していた日本政府は、サンフランシスコ平和条約前文に定める「日本国としては、国際連合への加盟を申請し且つあらゆる場合に国際連合憲章の原則を遵守」するとの宣言にしたがい、平和条約が発効した一九五二年、国連加盟を申請した。しかし、平和条約が西側諸国との片面講和条約で、ソ連との国交が回復されていなかったため、加盟申請はソ連の拒否権行使に阻まれた。日本の国連加盟は、ソ連との国交が回復する一九五六年まで待たなければならなかった。

国連の軍事的措置と憲法九条

国連加盟にあたり、憲法九条によって国連が集団安全保障の一環として行う軍事的措置に日本は参加できず、したがってそれは国連加盟国としての義務の不履行にあたるのではないかということが問題となった。しかし第一章で述べたように、軍事的措置への参加は、安保理との特別協定を通じて加盟国に義務づけられる。国連憲章四三条によれば、特別協定は自国の憲法上の手続きに基づいて批准されることになっている。したがって日本は、憲法九条を根拠に特別協定の締結を拒否することができるため、軍事的措置への参加を義務づけられることはない。この点は、永世中立国であるスイスやオーストリアの場合と同じである（永世中立国の軍事的措置への参加義務については第一章第二節を参照）。

また政府は、自衛のための必要最小限度の範囲を超える活動に従事することは許されないとする立場に立っていることから、国連軍への「参加」は、国連軍の目的・任務が武力行使を伴うものである場合は憲法上許されないとしている。ただし、政府によれば、あらゆる関与が許されないというのではなく、国連軍の目的・任務が武力行使を伴うものであっても、国連軍の武力行使と一体とならないような国連軍に対する「協力」は可能であるとしている。

右の政府見解は、日本が協力を求められた湾岸戦争に対する政府の対応によく表れている。政府は、従来の見解にしたがい、湾岸多国籍軍への参加は武力行使と一体化する以上、憲法上許されるものではないという認識を示した。そして、ペルシャ湾に展開するアメリカ軍の輸送・補給支援といった軍事面でのアメリカからの要請には応えられないという判断に至った。軍事面での協力と引きかえに政府は、多国籍軍に対する一三〇億ドルの財政支援を行った。また当時の自衛隊法に基づいて、湾岸戦争後にペルシャ湾に遺棄された機雷を除去するために自衛隊を派遣した。

PKOへの参加

湾岸戦争がきっかけとなって、軍事面における国際協力、とりわけ人的な国際貢献の必要性が国内で活発に議論されるようになった。従来から実施している財政面での協力に加え、国連を中心とした国際平和のための努力に積極的に寄与することを目的として、一九九二年、国際平和協力法（PKO協力法）が成立した。政府は、武力行使と一体化する活動への参加は許されないとの立場から、隊員の安全確保の観点から小型武器の使用を認めつつ、PKOを「平和維持隊本体業務」と「平和維持隊後方支援業務」にわけ、武力を行使する可能性のある本体業務については別の法律が制定されるまで凍結するとした（同法附則二条）。

本体業務とは、停戦の監視、武装解除の監視、緩衝地帯での駐留・巡回などいわゆる平和維持軍が担う任務をいい、後方支援業務とは、選挙監視、警察行政業務の指導・監視、生活上必要な施設・設備の復旧・整備、輸送・通信などをいう。二〇〇一年の法改正により、附則二条が削除され、本体業務の凍結が解除された。また小型武器の使用が認められる防護対象者に、隊員自身だけでなく、職務遂行にあたり自己の管理下に入った者（隊員の指示にしたがうことが期待され、隊員と同一の場所で活動する者）も加えられた。また武器・弾薬の防護のための武器使用も可能になった。しかし、武器の使用が許されるのはあくまでも自己、または自己の管理する者や自衛隊の武器を防護する場合（Aタイプと呼ばれる）に限られ、PKOの任務を妨害する者に対する武器の使用（Bタイプと呼ばれる）は認められないし、PKOの任務に含まれる武力行使を伴う活動に参加することも当然許されない。

国連自身は、PKO要員が自衛のために武力を用いることができる場合として、人員や武器の防護に加え、PKOの任務遂行を妨げる場合も含まれるとしており、この点で、Aタイプのみが許される自衛隊の武器使用は、国連が認める自衛の場合の武力の使用よりも制限されている。

政府によれば、「武器の使用」は、国際的な武力紛争の一環としての戦闘行為である「武力の行使」とは異なり、「火器、火薬類、刀剣類その他人を直接殺傷し、又は武力闘争の手段として物を破壊することを目的とする機械、道具、装置をその物の本来の用途に従って用いること」とし、隊員自身の生命・身体を守る、いわゆる自己保存のための武器使用と武器等の防護のための武器使用については憲法上の問題は生じないという。ただし、PKOの任務妨害を排除するために武器を使用することは、九条に反するおそれがあるとしている。

PKO参加五原則

国際平和協力法は、自衛隊の活動が憲法の範囲内にとどまらなければならないことに留意して、PKOに参加する際にしたがうべき基本方針として、次の五つの原則を定めている。

①紛争当事者の間で停戦合意が成立していること
②当該平和維持隊が活動する地域の属する国を含む紛争当事者が当該平和維持隊の活動及び当該平和維持隊への我が国の参加に同意していること
③当該平和維持隊が特定の紛争当事者に偏ることなく、中立的立場を厳守すること
④上記の原則のいずれかが満たされない状況が生じた場合には、我が国から参加した部隊は撤収することができること

⑤武器の使用は、要員の生命等の防護のために必要な最小限のものに限られること

この基本原則にのっとって、これまで自衛隊が派遣されたPKOとして、国連カンボジア暫定統治機構、国連モザンビーク活動、ゴラン高原に展開された国連兵力引き離し監視隊（UNDOF）、国連東ティモール暫定行政機構、国連ネパール政治ミッション、国連スーダン・ミッション、国連ハイチ安定化ミッション、国連南スーダン共和国ミッション（UNMISS）、国連東ティモール統合ミッションがある。UNMISSが現在派遣されている唯一のPKOである。

第四章で述べたように、近年のPKOは、停戦合意から和平協定の実施のために、あるいは文民を保護するために、必要であれば、停戦合意に違反する紛争当事者に対して武力を行使することも公平性原則に反しないとする立場に立っている。したがって、国際平和協力法が参加要件とする五原則のうち、①停戦合意と③中立性を現在のPKOに期待することは難しくなっている。現に自衛隊が派遣されている南スーダンでは、政府軍と反政府勢力との間の停戦合意がたびたび破られ、戦闘が繰り返される状況が続いている。しかし日本政府は、政府側と反政府側の間で和平合意履行に向けて取り組みが続いており、武力紛争は発生しておらず、参加五原則は維持されているとの認識を示し、撤収を否定してい

る。UNMISSのケースは、憲法に抵触することがないように制定された国際平和協力法が、停戦合意が破られることも想定して派遣される現在のPKOの実態に則していないことを、如実に示しているといえる。

なお、一九九六年からUNDOFに参加していた自衛隊は、現地の治安情勢の悪化に伴い二〇一三年に撤収したが、政府は、参加五原則は崩れておらず、安全確保が困難であるとの政策的な判断によって撤収を決定したとしている。

三　新安全保障法制

二〇一四年七月一日、政府は、日本を取り巻く安全保障環境の変化に対応し、日本の平和と安全を維持し、その存立を全うするとともに、国民の命を守る政府としての責務を果たすため、「国の存立を全うし、国民を守るための切れ目のない安全保障法制の整備について」と題する閣議決定を行った。閣議決定後、内閣によって関連法案が国会に提出され、国会審議と議決を経て、新たな法律として「国際平和共同対処事態に際して我が国が実施する諸外国の軍隊等に対する協力支援活動等に関する法律」（国際平和支援法）と既存の一

○本の法律の改正法となる「我が国及び国際社会の平和及び安全の確保に資するための自衛隊法等の一部を改正する法律」（平和安全法制整備法）が二〇一五年九月三〇日に公布され、翌一六年三月二九日に施行された。今回の法整備によって自衛隊の武力行使と活動範囲が大幅に拡大され、自衛隊が地球規模で武力行使や後方支援をすることが可能になった。以下に、新安全保障法制の概要を示したあと、九条に違反するおそれがあるものについて検証していきたい。

新安全保障法制とは

(一)新法：国際平和支援法（後述）

国際社会の平和と安全を脅かす事態であって、その脅威を除去するために国際社会が国連憲章の目的にしたがい共同して対処する活動を行い、かつ、日本が国際社会の一員として主体的かつ積極的に寄与する必要がある事態（国際平和共同対処事態）を定める法律で、この法律によって、これまでテロ特措法やイラク特措法など期限付きの特別措置法で対応してきた後方支援活動などが常時可能になった。

(二)改正法

①改正武力攻撃事態法（後述）

武力攻撃事態に加え、日本と密接な関係にある他国に対する武力攻撃が発生し、これにより日本の存立が脅かされ、国民の生命、自由および幸福追求の権利が根底から覆される明白な危険がある事態（存立危機事態）に対して集団的自衛権で対応することを認めた。

②改正自衛隊法

存立危機事態における自衛隊の防衛出動、在外邦人の保護措置、アメリカ軍などの武器の防護が可能になった。

③重要影響事態法（改正周辺事態法、後述）

周辺事態法を変更し、日本周辺に限定していた周辺事態概念に代わって、そのまま放置すれば日本に対する直接の武力攻撃に至るおそれのある事態など、日本の平和および安全に重要な影響を与える事態（重要影響事態）に対して、自衛隊が地球規模で他国軍を後方支援することが可能になった。

④改正船舶検査活動法

重要影響事態と国際平和共同対処事態に際して日本周辺以外での自衛隊の船舶検査が可能になった。

⑤米軍等行動関連措置法

従来の米軍行動関連措置法の名称を米軍等行動関連措置法に変更し、従来の武力攻撃事態に加えて、存立危機事態におけるアメリカ軍などの外国軍の行動が円滑かつ効果的に実施されるための日本の支援措置を定めた。

⑥改正特定公共施設利用法

従来の武力攻撃事態に加えて、存立危機事態において、自衛隊とアメリカ軍の港湾、飛行場などの公共施設の利用を調整する規定が設けられた。

⑦改正海上輸送規制法

従来の武力攻撃事態に加えて、存立危機事態において、攻撃国に向かう武器等の海上輸送を規制する規定が設けられた。

⑧改正捕虜取扱い法

武力攻撃事態に加えて、存立危機事態における捕虜の取り扱いに必要な事項を定めた。

⑨改正国際平和協力法（後述）

国連が直接関与しない平和維持活動への参加も可能にするとともに、駆けつけ警護やこれまで認められてこなかったＰＫＯの任務を遂行するための武器の使用も可能になった。

⑩改正国家安全保障会議設置法

国家安全保障会議の審議事項に存立危機事態などの新たな事態への対処が追加された。

新ガイドライン

旧ガイドラインと新ガイドラインの違い

二〇一四年の閣議決定のあと、政府は、安全保障法制の前提となるアメリカとの協力関係を拡大する必要から、アメリカ政府と「日米防衛協力のための指針」（新ガイドライン）の再改定に合意した。一八年ぶりに改定された新ガイドラインに沿って、政府は安全保障法案を作成し国会に提出した。

新ガイドラインは、従来のガイドラインの構成を一新して、日米同盟の協力関係を詳細に定め強化した。従来のガイドラインをまとめると次の三つの項目にわけられる。

①平時（七八年ガイドライン「侵略を未然に防止するための態勢」、九七年ガイドライン「平素からの協力」）

②日本有事（七八年ガイドライン「日本に対する武力攻撃に際しての対処行動等」、九七年ガイドライン「日本に対する武力攻撃に際しての対処行動」）

③日本以外（七八年ガイドライン「日本以外の極東における事態での日本の安全に重要な影響を与える場合の日米間の協力」、九七年ガイドライン「周辺事態（日本周辺地域にお

ける事態で日本の平和と安全に重要な影響を与える場合）の協力」）

これに対して、新ガイドラインは、①防衛協力と指針の目的、②基本的な前提及び考え方、③強化された同盟内の調整、④日本の平和及び安全の切れ目のない確保、⑤地域の及びグローバルな平和と安全のための協力、⑥宇宙及びサイバー空間に関する協力、⑦日米共同の取組、⑧見直しのための手順の八項目からなる。この項目から一見してわかるのは、日米の協力が極東、日本周辺を超えて地球規模（さらには宇宙空間やコンピューター内の仮想空間）に拡大しており、日米安保条約を実質的に変容させるものとなっていることである。

新ガイドラインと関連安全保障法制

閣議決定の目玉とされた集団的自衛権の行使容認については、新ガイドライン④日本の平和及び安全の切れ目のない確保のなかで、「自衛隊は、日本と密接な関係にある他国に対する武力攻撃が発生し、これにより日本の存立が脅かされ、国民の生命、自由及び幸福追求の権利が根底から覆される明白な危険がある事態に対処し、日本の存立を全うし、日本国民を守るため、武力の行使を伴う適切な作戦を実施する」として存立危機事態に対処するための武力行使、すなわち集団的自衛権を行使することを宣言している。

自衛隊による地球規模での後方支援を定めた重要影響事態法は、同じく新ガイドラインの④のなかで言及された「同盟は、日本の平和及び安全に重要な影響を与える事態に対処する。当該事態については地理的に定めることはできない」を反映している。

国際平和協力法の改正は、新ガイドラインの⑤地域の及びグローバルな平和と安全のための協力のなかで言及している「日米両政府はまた、適切な場合に、同じ任務に従事する国際連合その他の要員に対する後方支援の提供及び保護において協力することができる」に対応している。

集団的自衛権とは

政府は、新たに集団的自衛権の行使が認められるとしても、日本を防衛するための自衛の措置としてなされるものに限られ、国際法上の集団的自衛権の行使一般が容認されるわけではないと述べており、集団的自衛権の一部容認であることを強調している。そこでまず、そもそも集団的自衛権とはどのような性質のものであるのかを簡単にみておきたい。

集団的自衛権の法的性質

集団的自衛権は、国連憲章五一条で新たに規定された国家の権利であるが、「他国」を「自衛」する権利とはそもそも形容矛盾ではないかとの疑問が呈されてきた概念である。

これをどのように捉えるかについて、次の三つの説が展開されている。①集団的自衛権も自衛の権利であることに変わりはないから、ある国家に対する武力攻撃が発生した場合、他の国家も各国家の個別的自衛権を共同で行使するものであると捉える共同防衛説、②集団的自衛権は、自国が攻撃されていなくとも、被害国を援助することで国際の平和と安全という一般的利益を守るために行使するものであると捉える他国防衛説、③集団的自衛権は、自国と密接な関係にある他国に対する攻撃が自国の安全や死活的利益を害するために行使されるものであると捉える死活的利益説である。

①説は、わざわざ国連憲章五一条で個別的自衛権とは別に集団的自衛権を規定した意味がなくなるため、現在ではあまり受け入れられていない。②説は、そもそも「集団的自衛」と名称づけたことは誤りであって集団防衛というべきであるという。この説に対しては、いずれの国家が武力攻撃の犠牲国であっても、集団的自衛権を援用する国家が他国（犠牲国）防衛と称して軍事行動に出ることを可能とするものであり、集団的自衛権の濫用の危険性が指摘されている。そのため、②説を採用した国際司法裁判所（ＩＣＪ）は、ニカラグア事件（次頁）で、集団的自衛権を行使するためには、武力攻撃を受けた国家が被害国であることを宣言し、被害国からの援助の要請があることが必要であるとの見解を示した。③説は、集団的自衛権が本質的に自国を防衛する権利であるということを前提と

する。この説は、集団的自衛権の行使を自国の死活的利益の侵害に限定し、濫用を一定程度抑制しようとしていることから、国際法上、有力な見解となっている。

なお、集団的自衛権が行使された事例としては、アメリカが行使したものに、ベトナム戦争、ニカラグアへの武力行使、湾岸戦争で多国籍軍がイラクに対して武力行使するまでの間の軍事行動が挙げられる。また、ソ連が行使したものに、ハンガリー(ハンガリー動乱、一九五六年)、チェコスロバキア(プラハの春、一九六八年)、アフガニスタン(アフガニスタン侵攻、一九七八年〜八九年)への武力行使、そのほかにアメリカ同時多発テロ後のアフガニスタンに対するNATO諸国の武力行使などがある。歴史的にみれば、集団的自衛権を行使した国家のほとんどが米ソやその同盟国の軍事大国であったということ、ベトナム戦争や次にみるニカラグア事件のように、その多くが実質的に内政干渉を目的とする軍事介入であり、濫用の危険を含んでいるということは留意しておかなければならない。

ニカラグア事件

前述したように、アメリカはニカラグアの左翼政権の打倒を目指し、反政府勢力コントラへ武器援助し、ニカラグアの空港施設などを攻撃した。ニカラグアは、アメリカの軍事介入が武力不行使原則や内政不干渉の原則に違反するとして、ICJに提訴した。アメリカは、自国の軍事行動の国際法上の根拠を、ニカラグアによるエルサルバドル、ホンジュラス、コスタリカへの武力攻撃に対する集団的自衛権の行使であると主張した。ICJは、ニカラグア政府によるエルサルバドルの反政府勢力への武器支援は、アメリカが集団的自衛権を行使するための前提である、エルサルバドルに対する「武力攻撃」には該当しないと指摘した。また、ニカラグアによるホンジュラスとコスタリカへの越境攻撃は認められるものの、ホンジュラス、コスタリカは、援助の要請をアメリカに対して行っていないことにも言及した。その結果、アメリカのニカラグアに対する武力行使は、集団的自衛権行使の要件を欠くものであるとして、アメリカの主張を退けた。

存立危機事態における集団的自衛権の行使

従来の政府見解

新安全保障法制の最大の焦点は、これまで憲法違反とされてきた集団的自衛権の行使が容認されたことにある。憲法九条についてのこれまでの政府見解を繰り返せば、九条二項に規定する「戦力」に該当しない自衛隊は、自衛のための必要最小限度の実力を行使できるにすぎず、それは日本が武力攻撃を受けた場合を意味するから、他国への武力攻撃に反撃する集団的自衛権の行使は憲法上許されない、というものであった。さらに一九七二年に提出された政府見解によれば、武力行使が認められるのは、次の三つの要件を満たす場合に限られる。すなわち、①国民の生命、自由、幸福追求の権利が根底から覆される急迫不正の侵害が存在すること、②侵害を排除するために他に適当な手段がないこと、③自衛のための実力行使は必要最小限度にとどまるべきこと、である。

現在の政府見解

二〇一四年の閣議決定に基づいて改正された武力攻撃事態法では、武力攻撃事態に加えて、存立危機事態が新たに追加され（二条四号）、改正自衛隊法によって存立危機事態への自衛隊の防衛出動が認められることになった（七六条一項二号）。この閣議決定によれば、一九七二年政府見解における基本的な論理、すなわち、①九条は自衛の措置を禁じていないこと、②自衛の措置は必要最小限度の範囲内であること、を維持したうえで、「我が国を取り巻く安全保障環境が根本的に変容し、変化し続けている」ことを踏まえれば、他国に対する武力攻撃が「我が国の存立を脅かすことも現実に起こり得る」ため、次の新三要件のもとでの集団的自衛権行使は憲法上許されるとした。

すなわち、日本に対する武力攻撃が発生した場合のみならず、①わが国と密接な関係にある他国に対する武力攻撃が発生し、これによりわが国の存立が脅かされ、国民の生命、自由、および幸福追求の権利が根底から覆される明白な危険がある場合において、②これを排除し、わが国の存立を全うし、国民を守るために他に適当な手段がないときに、③必要最小限度の実力を行使することは、従来の政府見解の基本的な論理に基づく自衛のための措置として、憲法上許される。

政府の立場は、集団的自衛権の行使が憲法上許されるのは、「我が国と密接な関係にある他国に対する武力攻撃」の発生を契機とするものの、あくまでもわが国を防衛するための自衛の措置、つまり自国防衛のための行使に限られるから、従来の政府見解と矛盾しないというものである。政府によれば、集団的自衛権には、自国防衛のための限定的な集団的自衛権と、他国防衛を含んだフルセット（フルスペック）の集団的自衛権があり、後者を行使するには憲法改正を要する一方、前者の行使は、自国防衛のためのものであるから憲法上容認されるという。

七二年政府見解は、集団的自衛権を「自国と密接な関係にある外国に対する武力攻撃を、自国が直接攻撃されていないにもかかわらず、実力をもって阻止することが正当化される権利」と定義づけた。そのうえでわが国は、国際法上このように解される集団的自衛権を有しているとしても、これを行使することは、憲法が容認する自衛の措置の限界を超えるものであって許されないとの立場に立っている。したがって、「わが憲法の下で武力行使を行うことが許されるのは、わが国に対する急迫、不正の侵害に対処する場合に限られるのであって、……他国に加えられた武力攻撃を阻止することをその内容とするいわゆる集団的自衛権の行使は、憲法上許されないといわざるを得ない」のである。七二年政府見解があらゆる集団的自衛権の行使を憲法に違反するとしている以上、従来の政府見解の基本的な論理を踏襲しているとする現政府の主張は、受け入れられるものではない。

さらに、自国防衛に限定された集団的自衛権は、従来の政府見解の基本的な論理を踏まえたものであり、憲法上許されるとする政府の主張に沿って議論を展開した場合、以下のような問題が生じる。

二〇一四年閣議決定は、限定的な集団的自衛権を行使するための要件として、密接な関係にある他国への武力攻撃が日本の存立にかかわっていなければならないとしている。この要件は、集団的自衛権の性質に関する死活的利益説の立場と一致する。政府は、限定的な集団的自衛権行使の事例として、ホルムズ海峡において同盟国に対する武力攻撃の一環として機雷が敷設され、海上交通路が断たれる事態を挙げている。このような場合、わが国への原油供給が滞り、「国民生活に死活的な影響」が生じ、わが国の存立が脅かされると説明しており、このことからも、死活的利益説の立場と一致していることがうかがえる。

死活的利益とは、本来、自国の存亡にかかわるほどに深刻なものでなければならないと解されてきたのであるが、かねてから現実には、集団的自衛権における死活的利益には、「そのきわどい弛緩《しかん》が生じている」ことが指摘されていた（祖川『国際法と戦争違法化』一六六頁）。政府が示したホルムズ海峡の事例は、まさにこうした「弛緩された死活的利益」に該当し、このようなゆるい死活的利益の回復のために、二〇一四年閣議決定は、集団的自衛権の行使を容認したのである。

一方、七二年政府見解によれば、個別的自衛権は、外国の武力攻撃によってわが国の存立を脅かし国民の権利が根底から覆される場合にはじめて容認される。つまり、外国の武力攻撃によって自国の存亡にかかわる（＝弛緩されていない）死活的利益が害されたときに、はじめて個別的自衛権を行使することが許されるのである。憲法がこのように個別的自衛権の行使を「きつく」しばりながら、集団的自衛権の行使を「ゆるく」しかしばっていないという状況を、七二年政府見解が想定し容認していたとは到底考えられない。

新安全保障法制における他国軍隊に対する支援

テロ特措法などの特別措置法で対応してきた多国籍軍への後方支援活動を常時行えるようにする国際平和支援法と、日本の平和と安全に重要な影響を与える事態に対処するアメリカ軍などへの後方支援を規定する重要影響事態法（改正周辺事態法）はともに、自衛隊の後方支援活動を地球規模で可能にする点で共通している。しかし、重要影響事態が日本の平和と安全に直接影響を与える事態であるのに対して、国際平和共同対処事態が日本の安全に直接かかわらない、国際社会の平和と安全を脅かす事態である点に違いがある。

これまでの特別措置法、周辺事態法と新法の最大の違いは、後方支援の対象地域と支援活動の拡大が図られたことである。自衛隊の活動地域は、両旧法とも、①現に戦闘が行われておらず、かつ、②そこで実施される活動の期間を通じて戦闘行為が行われることがないと認められる地域とされていた。旧法では、このような地域は後方地域（周辺事態法）、非戦闘地域（特別措置法）と呼ばれてきた。これを両新法では、②の要件をはずし、自衛隊の活動地域を現に戦闘が行われている現場以外とした。したがって今後は、より前線に近い場所で自衛隊が活動する可能性が高まるため、他国軍隊による武力行使との一体化が懸念される。

支援活動の拡大としては、両旧法では認められていなかった弾薬の提供と、戦闘に向けて発進準備中の他国の航空機への給油が可能になった。一般に武器・弾薬などの輸送は兵《へい》站《たん》と呼ばれ軍事活動の一端とされるため、新法における弾薬の提供は、他国軍隊による武力行使との一体化とみなされる可能性がある。

改正国際平和協力法におけるPKOの任務遂行のための武器使用

改正国際平和協力法では、自衛隊の武器の使用権限が拡大された。これまでAタイプに限っていたのを、現地住民などの安全確保のための武器の使用と、活動関係者（ＰＫＯに従事する者や支援する者）の生命・身体を保護するための武器の使用（いわゆる駆けつけ警護）を認める改正が行われた。駆けつけ警護とは、自己の所在地から離れた場所へ駆けつけ、危険な状況にある要員の生命・身体を武器を用いて防護することとされ、Ｂタイプの武器使用に分類される。現地住民の安全確保業務の一環としてなされる武器の使用もＢタイプに属する。

政府のこれまでの説明では、任務遂行のための武器の使用は九条に違反するおそれがあるとされていた。武器使用の相手方が国または国に準ずる紛争当事者であった場合、この相手方との武力衝突が、憲法の禁止する武力行使となってしまうためである。そこで、任務遂行のための武器の使用が憲法に違反しないようにするために、改正国際平和協力法において政府は、参加五原則が満たされ、かつ、派遣先国および紛争当事者の受け入れ同意が、国連の活動およびわが国の業務が行われる期間を通じて安定的に維持されていることを参加要件としたのである。つまり、自衛隊が業務に従事している期間は、紛争当事者は自衛隊の受け入れに同意しており、敵対しない状況となっているので、自衛隊が武器を使用したとしても武力を行使したことにはならないというのである。しかし、駆けつけ警護の対象である活動関係者には、ＰＫＯに従事する他国軍隊の要員も含まれる。他国軍隊のために武器使用が必要な状況というのは、そもそも相当程度に強力な武装集団と相対している可能性が高いとみるべきで、そうした状況において「武器の使用」を行えば、憲法によって禁止される「武力の行使」を自衛隊が行う事態に発展する可能性は否定できない。

これまでの議論から、従来の日本の安全保障体制が、日米同盟を基軸とする同盟政策とPKOを含む国連の集団安全保障を基本方針とするものであり、新安全保障法制によって自衛隊の軍事的関与はより一層拡がっていくことがわかった。しかし、徹底した非軍事・非武装を要求する憲法九条と、集団的自衛権を行使できるようになったこと、あるいは日米同盟の存在との間には大きな隔たりがあるといわざるを得ない。この点、戦後間もない頃、安全保障の基本方針を方向づける九条の理念は、日本を中立化することによって実現できるのではないかとの議論が広く国内で行われ、多くの日本人が中立化に好意的であったという事実は注目に値する。現在も九条を忠実に反映するのは非武装中立化であるという主張が散見される。本書の最後に、戦後から現在に至るまでの永世中立論の軌跡をたどっていくことにしたい。

四　日本の永世中立論

戦後から冷戦期

外務省の研究報告

日本の永世中立化の検討は、戦後直後、外務省に設置された「平和条約問題研究幹事会」が一九四六年にまとめた第一次研究報告のなかにみられる。研究報告は、きたるべき平和条約の締結に向け、想定される条約内容を検討する過程で提出されたもので、そのなかに、日本が永世中立を希望すること、極東委員会構成国が日本への侵略に対して共同で対日防衛を行う集団的安全保障機構を設置すること、が提案されていた。[*2] しかしその後は、国連加盟や日米安保に関心が移り、永世中立へ向けた取り組みは行われなくなった。

国民的支持

中立論は戦後しばらくの間、国民的な議論に発展し、相当に支持されていた。その嚆矢《こうし》は、一九四九年、連合国軍最高司令官ダグラス・マッカーサーが英紙デイリー・メールの特派員に会見で語った発言である。マッカーサーは、戦争が起こった場合にアメリカが日本に望むことは、中立を維持することであり、「日本は太平洋のスイスとなるべきである」と述べて日本の永世中立化を提言した。これが朝日新聞で報道されると、永世中立国として長年にわたり戦争を回避してきたスイスのイメージが、敗戦直後の国民の反戦感情や九条の戦争放棄条項と重なりあい、国民に広く支持されるようになる。日本の安全保障の方式を問う同紙の世論調査で、二位の国連加入の三六％を抜いて、永世中立が三九％を示すという結果として表れたことからも中立化がかなりの支持を得ていたことがわかる（朝日新聞、一九四九年一一月一五日）。同年に実施された他の新聞社の世論調査でも永世中立の国民的支持は高く、読売新聞の調査で七三％の支持（一九四九年八月一八日）、毎日新聞の調査で四八％の支持（一九四九年一一月二一日）が得られている。

社会党の立場

後述する平和問題談話会が一九五〇年に発表した対日講和問題に対しては全面講和[*3]をという声明に呼応して、一九五一年、社会党は全面講和、中立堅持、軍事基地反対、再軍備反対の講和四原則を決定した。社会党は、サンフランシスコ平和条約（片面講和条約）の締結後、日米安保体制が現実路線として定着していったにもかかわらず、連立与党となる一九九〇年代に入るまで、党綱領では非武装中立を標榜《ひょうぼう》していた。

一九八三年に社会党委員長となる石橋政嗣《まさし》による著書『非武装中立論』（一九八〇年）が

社会党の主張を知るうえでの手掛かりとなるので、彼の見解をたどってみよう。それによれば、安全保障には絶対はなく、あくまで相対的なものとして考えるべきである。つまり、軍隊をもって軍事力によって国を守る方法と、軍備をもたず、平和中立外交を推し進め、友好的な国際環境をつくりあげることに全力を注ぎ、そのなかで国の安全を図る方法と、どちらが望ましいと考えるべきかという問題である。そして、石橋は、非武装をとるべき理由として、次のように説明する。すなわち、軍隊の力による安全保障によるかぎり、それを自衛力といおうと、軍事力といおうと、そこに限界はない。愛国心とやらが高まり、国防意識についての教育が成功すればするほど、より強大なものを求める声が高まるのは必然であり、軍事的対外強硬論に歯止めをかけることは不可能となる。そればかりでなく、軍事力を自衛力や抑止力といおうと、他国にとっては脅威と映ることも忘れてはならない。こうした奇妙な論理から抜け出すためにも、軍事力を前提としない世界をつくり出す必要があるという。

研究者の提言

研究者の側からの永世中立論の主張も、戦後早くからみられる。

一九四九年、雑誌『世界』五月号で「戰爭放棄の問題（上）」と題する論文を発表した法哲学者の恒藤恭《つねとうきょう》は、安全保障政策として永世中立を採用するよう主張した。恒藤は、国連の安全保障が期待はずれに終わった以上、日本の安全保障について、講和条約締結後に何らかの特殊な国際制度を設定することが望ましく、それは永世中立制度を採択することであると説いた。日本がその地位を取得するためには、日本と密接な利害関係を有するすべての国家との間で永世中立に関する条約を締結する必要があるが、スイスのような武装中立ではなく、憲法九条二項の規定を改めることのない独自の制度を立案することが要請されるとして、非武装中立を提唱するのである。

恒藤は、政治学者の丸山眞男《まさお》、社会学者の清水幾太郎《いくたろう》ら、多分野にわたる知識人によって一九四八年に結成された平和問題談話会に積極的にかかわったことでも知られる。一九五〇年、折にふれ対日講和問題が内外で活発に議論されるに及び、同談話会は、この問題について、以下の四つの方針を示した。

①講和問題は、全面講和以外にない。
②日本の経済的自立は単独講和によっては達成されない。
③講和後は、中立不可侵とあわせて国連加盟を希望する。
④いかなる国に対しても軍事基地を与えることは絶対に反対する。

この声明の主要な関心事項は、ソ連などとの講和も含む全面講和の要求にあったが、単独講和か全面講和かの選択は、講和後の日本のあり方を決定するものであった。前者をとれば、それは在日アメリカ軍の駐留を認め、西側陣営の一員として東側陣営との対立の構図に組み込まれることを意味した。反対に後者をとれば、憲法九条のもと徹底した平和主義を追求するために、中立国となることを意味していた。

平和問題談話会が右の声明を発表した一九五〇年、国際法学者の田岡良一《りょういち》は、『永世中立と日本の安全保障』という研究書を発刊し、日本の永世中立化を提言している。田岡は、日本の安全保障を考えるうえでの前提条件として、①軍備のない国であること、②戦争を放棄した国であること、③日本の独立性は維持されなければならないこと、の三つを挙げ、この前提条件が受け入れられ、かつ、そのいずれとも矛盾しない安全保障は、唯一永世中立だけであると断じた。

田岡と同じ国際法学者の横田喜三郎《きさぶろう》は、『日本の講和問題』（一九五〇年）で中立化を批判的に論じている。横田は、日本の中立化は重要な利害関係のある大国であるアメリカ、イギリス、ソ連による中立の尊重と保障の約束が必要だが、これは全面講和でなければ実現不可能であり、新憲法が採用した平和主義と並ぶ国際主義の基本方針に照らせば、永世中立とは両立しない国連の集団安全保障が日本にとって望ましいと指摘する（永世中立と国連の集団安全保障の両立性については第一章第二節を参照）。横田は続けていう。勢力均衡政策のもとで発展した永世中立は世界の緊密な連帯を無視し、無責任な利己主義に基づく一九世紀の産物であって、世界的な組織のもとに、すべての国の協力によって平和を維持しようとする現在では時代遅れである、と。

これに対し、田岡は、機能不全に陥る可能性を秘めた国連の集団安全保障を日本の唯一の守護神とすることの危険性を指摘するとともに、憲法上軍備をもたない日本が同盟政策をとることの困難さを指摘し、唯一浮上する解決策は、永世中立であると結論づけた。また、ベルギーのような大戦時における中立侵犯の歴史を踏まえ、永世中立よりも同盟に信頼を置く考えに対しては、歴史上、同盟といえども侵略を受けた例は多く、大戦時の中立侵犯をもって、永世中立には効果がないと断定することに反対する。

田岡は、国内の状況だけでなく、当時の日本を取り巻く国際情勢も鋭く観察し、日本をめぐる強国の衝突を緩和し、極東の安寧を保つ最善の方法は、永世中立条約によって日本をどの国の支配下にも置かないようにすることであり、それが極東の平和に貢献することになると述べる。永世中立の歴史を深く洞察した田岡は、当時の日本をめぐる国際情勢が、歴史上、永世中立国を発生させた国際情勢と類似していることを見抜いていたのである。

憲法学者として一九五〇年代から本格的に日本の永世中立論を主張しはじめた田畑忍は、一九八一年、『非戦・永世中立論』を著し、非戦力・非戦の中立国を提唱した。田畑によれば、永久で絶対の戦争放棄のなかには、当然に永世中立の理念が入っていなければならず、したがって、政府や国会は憲法九条にしたがって永世中立を宣言し、各国に承認を求めなければならない。憲法九条を厳守する限り、九条はそれだけで日本の大きな自衛力となるのであり、危険な戦争的自衛権を放棄して、武力・戦力・戦争によらない安全な平和的自衛権を確立するための条件として、永世中立を宣言し、非戦力・非戦の中立国となる必要性を説く。田畑の永世中立論の特徴は、非武装永世中立が憲法九条の要請であることを指摘した点にある。

次に国際政治学者である坂本義和《よしかず》の主張をみてみよう。

坂本は、一九五九年の『世界』八月号において「中立日本の防衛構想」を発表し、同盟による脅威、すなわち米ソ戦争の開始でソ連の攻撃目標とならないために、日本はアメリカの同盟国であってはならないとし、「生存のための軍事的中立」を提唱する。仮に米ソ全面戦争が起これば、その戦禍から一〇〇%免れることは、日米同盟であっても中立主義であってもできないが、それにもかかわらず、日米同盟を続ける限り事態は絶望的であるのに対し、中立政策には生存の可能性があるからである。また、原水爆を搭載する警戒飛行中のアメリカ軍戦闘機が誤って同盟国である日本に甚大な惨害を生じさせる「錯誤による破滅」の可能性もあり、日本は常時生存を脅かされていると警告する。それゆえ坂本は、中立を一日も早く要求する必要があるというのである。

坂本が提唱する中立は、「消極的中立」であり、それはしばしば「逃避的エゴイズム」の汚名を着せられている。しかし、消極的中立への努力なくして積極的中立の達成はなく、また国民がその最小限の生存の保障を要求するのに、ためらいや恥じらいを感ずる必要はないと論破する。

坂本の中立政策は、非武装中立を想定するものではなく、中立的な諸国の部隊からなる国連緊急軍(UNEF)のような国連警察軍を日本に駐留させ、自衛隊を当初の警察予備隊程度にまで大幅に縮小し、国連警察軍の補助部隊として国連軍司令官の指揮下に置くという構想である(UNEFについては第四章第二節を参照)。自衛隊はすべて、国連警察軍に常時編入されることにより、憲法と自衛隊の問題も解消されることになる。

坂本の主張は、冷戦中の米ソ対立を前提とした中立論ではあったが、軍事的安全保障を国連警察軍にゆだねる中立政策は、現在でも議論に堪えうるアイディアであるように思われる。

ところで坂本は、当時の社会党が提唱していたアメリカ、ソ連、中国、日本からなる集団安全保障条約によって日本の中立と安全を保障する案について、坂本自身の中立構想はこの案を補完するものだとしている。一方で坂本は、国民のなかに、日ソ中立条約に対するソ連の誠実さに不安が残ることは率直に認めなければならないとも述べている。実際、日米安保条約の改定交渉が行われていた一九五九年、ソ連は、日本の中立案を提案したが、[*4]ソ連が提案するようなかたちでは中立国となるべきでないとするものや、日ソ中立条約がソ連によって侵犯されたという苦い経験から、中立論が国民的議論になっていくなかで中立そのものに反対するものもいた。

そこで、いったん時計の針を日ソ中立条約が締結された一九四一年まで戻して、こうした反対論の原因となった経緯について振り返ってみることにしよう。

日ソ中立条約

一九四一年に締結された日ソ中立条約は、日ソ両国が相互の領土不可侵（一条）と、第三国から軍事行動があった場合には、紛争の全期間中、中立を守ること（二条）を約束したもので、その有効期間を五年とし、有効期間満了の一年前に通告がなければ自動的に延長されることが規定されていた（三条）。

日本の思惑のひとつには、独ソ関係が悪化し戦争に発展するような事態になれば、日本は、日独伊三国同盟の一員として独ソ戦に巻き込まれかねず、三国同盟の効用のひとつであったアメリカへの牽制がきかなくなってしまうため、ソ連との戦争は避けなければならなかったということがある。また、日本がこの条約によってソ連に期待したことは、日中戦争においてソ連が中国に与えていた援助を中止し中立を厳守することであり、これにより日中戦争を早期に終結させようとしていた。[*5]

ソ連は、日ソ中立条約それ自体から得られるものはあまりないとみていたが、条約の成立によって、日独両面からの攻撃は回避でき、近づく独ソ戦に集中すればよいことになる。

大戦末期の一九四五年二月、連合国による戦後処理構想について米英ソの三首脳が合意したヤルタ協定には、秘密条項としてソ連がドイツ降伏後三カ月以内に対日参戦することが定められていた。ヤルタでの密約実現に向けて、ソ連は同年四月、日ソ中立条約三条の規定にしたがい、一年後にむかえる有効期間満了をもって条約を廃棄することを通告した。条約廃棄の通告後もソ連駐日大使は再三、日本政府に対して、日ソ中立条約の有効期間の間、条約は効力をもち続けることを明らかにしていた。こうした発言は、条約三条が遵守されることを日本政府に思い込ませるに十分であったといわれる。しかし、実際には、ソ連はヤルタ協定の秘密条項にしたがい、一九四五年五月八日のドイツの無条件降伏からちょうど三カ月後の一九四五年八月八日、日ソ中立条約を破棄し、日本に対し宣戦布告した。条約の有効期間を八カ月余り残して日本との戦争状態に入ったソ連の行為に煮え湯を呑まされたと感ずる日本人にとって、とりわけ冷戦中における日本の永世中立化は、その承認国や保障国にソ連が欠くべからざる存在であるために、断固拒否すべき選択肢だったのかもしれない。

冷戦後

反戦感情の強かった戦後日本では、戦争に巻き込まれない安全保障方式としての永世中立が好意的に受け取られ、国民、研究者、政党などの間で活発に論じられてきた。そこでは、永世中立国となる憲法上の要請、永世中立国となった場合の効果、政策的提言などが主要な関心事項であった。

冷戦終結後、国際情勢の変容に伴う国連の信頼回復や、高まる軍事的な国際貢献論にもかかわらず、日本の永世中立化を説く議論が少数ではあるが存在する。以下では、憲法九条を遵守しようと試みる三名の研究者による非武装永世中立論をみていく。

国際法学者の中野進は、「自衛隊の国際連合軍化と日本国の永世中立国化」と題する論文を一九九六年に発表した。中野は、憲法九条、日米安保条約、強制措置を規定する国連憲章第七章が安易な拡大解釈により形骸化していることを踏まえ、これらの問題を解決するために、(一) 自衛隊の国連軍への転化、(二) 日本の永世中立国への転化、を提案する。その概略は次のとおりである。

(一) 自衛隊の国連軍への転化

自衛隊を軍事部門と非軍事部門にわけ、前者を国連憲章四三条の特別協定により国連軍とする（憲章四三条の特別協定に基づく国連軍については第一章第二節を参照）。部隊の指揮権は国連が行使し、隊員は国際公務員の身分となる。後者は赤十字専属の国際救助隊となる。すべての経費は原則として、日本が負担する。

この提案の利点には、①日本が外国を侵略するのを防止できる、②日本が侵略されることを防止できる、③国際社会に対する経済的・人的貢献となる、④憲法九条が実効的となる、⑤日米安保条約を円満に解消できる、⑥国連憲章第七章も実効的となる、⑦地球政府の樹立を促進する、などが挙げられている。

(二) 日本の永世中立国への転化

中野は、安保理が拒否権を行使できる現状において、日本の安全保障を（一）によって編成されることとなる国連軍が確保できるとは限らないとし、日本は、諸外国と永世中立条約を締結し、日本の安全保障を確保するよう提案する。憲法九条に実効性を与えるには、（一）による日本の非武装化とあわせて永世中立国へ転化することが必要なのである。

この提案の利点には、①日本が他国間の戦争に巻き込まれることを防止できる、②日本の軍事国家化を防止し、全世界に対し安心感を提供する、③日本が軍事同盟条約に加入するよう強制されるのを防止できる、④永世中立条約が日米安保条約を代替する、⑤平時・戦時に他国から敵視されるのを防ぎ、平和の使者として重要な国際貢献を行うことができる、などが挙げられている。

澤野義一《よしかず》は、数多くの著作のなかで永世中立論を説いている憲法学者であり、非武装永世中立が憲法によって法的に義務づけられているとする田畑の永世中立論を継承している。澤野は、著書『永世中立と非武装平和憲法』（二〇〇二年）で、冷戦終結後に際立つようになった中立の存在意義への懐疑論に対しては、中立が国際法の歴史的蓄積のうえに成立する相当普遍的な法制度であること、中立を絶えず維持することで武力紛争の拡大を回避できることなどを挙げて反論する。

田畑の理論を継承する澤野は、非武装永世中立が憲法上の要請であることを以下のように明快に説明する。すなわち、九条は一切の武力の行使と保持を禁じ、そこには外国軍駐留の禁止も含まれる。また、交戦権の否認によって、一方の交戦当事国への軍事的援助・協力も禁止される。要するに憲法九条は、外国軍基地の設置と他国との軍事協力を行う軍事同盟を戦時・平時において禁じているのであり、これは、まさに国際法上の永世中立の基本的要素に相当する。さらに、九条が非武装を前提としているため、要請されるのは非武装永世中立である。

澤野は、永世中立化の方式として、オーストリア、コスタリカなどを参考に、対外的な中立宣言を行うとともに、「非武装永世中立に関する基本法」の制定を提案する。その要旨は以下のとおりである。

①日本の中立は、永世的であり、あらゆる軍事紛争に適用される。永世中立の維持のために、いかなる軍事同盟にも参加せず、自国領土内に外国の軍事基地の設置を認めない。

②日本の中立は、積極的中立である。

③日本の中立は、非武装的中立である。

澤野は、日米安保条約や自衛隊を解消すること、集団的自衛権の行使は認められないこと、などを妥協なく要求する徹底した非武装中立論者であるが、憲法九条を完全に実現しようとする憲法学者としての矜持《きょうじ》を示しているのかもしれない。

九条に忠実であることを求めているのは、社会学者の大澤真幸《まさち》も同様である。大澤は、二〇一六年に発刊された編著書『憲法9条とわれらが日本』のなかで、九条を文字どおり受け取った絶対平和主義を遵守することを説き、不当な侵略に対しては、武器をもたない抵抗、徹底した非暴力抵抗の立場に立つことを主張する。さらに、この絶対平和主義が軍隊をもつ場合と比べて危険を大きくするものではないことを踏まえて、九条三項として「積極的中立主義」を追加する案を提示する。

大澤によれば、侵略者が日本を侵略する目的は、日本人を全滅させることにあるのではなく、日本列島を支配し、利益を得ることにある。徹底した非暴力抵抗とは、侵略者に対して徹底した非協力をつらぬくことである。この非協力によって、侵略者が負担する日本統治にかかるコストは、侵略で得られる利益に比して割にあわないものとなる。同時に、侵略者は重い道義的コストも負担することになる。現代社会では、あからさまな侵略をすれば国際的な非難、制裁が待っているのであり、武器をもっていない日本を侵略すれば、侵略者はこうした道義的なコストを支払わなくてはならない。大澤は、こうした絶対平和主義をより確実なものとするために、九条三項として積極的中立主義を基本外交方針として明記することを提唱する。ここで定義される積極的中立とは、戦争が発生した場合にいずれの側にも与しない、いわゆる消極的中立とは異なり、対立する陣営のいずれにも非軍事的な援助を行うことを意味する。大澤は、これを対立する二つの陣営両方への広い意味での贈与、「広義の贈与」と呼ぶ。こうした積極的中立の概念はすでに、コスタリカの実践するところであり、前述した澤野もまた、日本が積極的中立の役割を果たすことに期待しているのは、これからの日本の安全保障政策を考えるうえで興味深い。

さて、積極的中立は、日本自身の安全保障にどのような好影響をもたらすのか。大澤によれば、これを実行すれば、どの国、どの陣営からも敵とみなされることはなくなり、日本をこのうえなく安全にする。そして、壮大な提案ではあるが、積極的中立が理想的に展開されれば、世界中に積極的中立主義の追随者、模倣者を生み、世界は積極的な相互援助の複雑なネットワークとしての共同体となるというのである。こうした営みは、百年以上の時間を要するかもしれないが、九条をもつ日本こそがまずは率先して動くことを提案するのである。

一見荒唐無稽にもみえるこのような壮大な試案は、国家の安全保障政策を長期的な視点で構築しようとするものであり、積極的中立主義という基本外交方針を憲法に盛り込むべきであるとする大澤の試みは傾聴に値するだろう。

三名の研究者による永世中立論は、いずれも憲法九条の非軍事平和主義を基礎として主張された興味深い考察といえるが、現在の日本を取り巻く国際情勢や国内の政治状況から、日本の（非武装）永世中立という安全保障政策への方針転換は、非現実的で実現不可能であるというのがおおよその見方であろう。しかし、アメリカとの同盟関係によって日本の安全保障が強まるという主張が正しいとしても、同盟政策の対極にある中立政策をとれば他国の対立や戦争に巻き込まれるおそれが一層増大するという主張が正しくなるわけでもない。だとすれば、元社会党委員長の石橋政嗣がいうように、安全保障を相対的なものとみたうえで、同盟と中立を秤《はかり》にかけてどちらがより日本の安全保障に寄与するかを検証する余地はあると思われる。

冷戦の終結以降、ヨーロッパの中立国はいずれも、戦争の可能性がほとんどなくなったことに加え、国連安保理や地域的国際機構の活動が活発化してきたことに対応して、中立の意味を狭く捉えるようになっている。中立の立場に立つことに多くの意義を見いだせなくなってきたからである。一方で、日本を取り巻く東アジアの国際情勢はどうだろうか。中国と台湾の関係正常化はほど遠く、朝鮮半島の緊張は冷戦期よりも悪化しているようにさえみえる。現在のヨーロッパ情勢と異なり、東アジアではまだ武力紛争が発生する可能性は多分に残っているように思われる。安全保障政策としての中立政策を武力紛争発生の可能性がある地域で実践する国家が存在することには、大きな意義があるとも考えられるのではないだろうか。

歴史を振り返れば、ほとんどの軍事大国が参加する世界大戦では、戦闘の周辺に位置しない限り中立の維持は困難であったが、局地戦や地域紛争の場合、交戦国はバッファーとしての意義を有する中立国の中立をおおむね尊重している。東アジアで起こりうる地域的武力紛争において、中立を宣言する意義と余地は十分にあるといえるし、それは紛争拡大の防止に貢献するだけでなく、紛争当事国の交渉場所や仲介活動といった積極的中立の役割も果たしうるだろう。日米両国が集団的自衛権を行使してお互いを守り合う日米安保体制が日本の安全保障を強化し抑止力を高めるものであるとしても、それが「安全保障のディレンマ」[*6]を引き起こし、中国や北朝鮮を刺激していることも忘れてはならない。

また、領土を海で囲まれた日本の地理的な特性を考えれば、侵略する意図をもって日本を攻撃する国家が実際にどれほどあるだろうか。あるいは仮に、島国日本の侵略を企む国家があるとしても、そのような侵略行為は現代国際法が許すところではないし、大澤真幸のいうように、その侵略国は重い道義的コストを負担しなければならない。日本が集団的自衛権を行使すること、根源的には日米安保体制を維持していくことは、こうした日本の恵まれた地理的特性を無にしてしまうことにならないだろうか。

自国の存続と安全を確保することが中立国の中立選択の理由であることは、本書で繰り返し指摘してきたところである。しかしこれは、中立国特有の目的というものではなく、すべての国家に共通する基本的な安全保障戦略である。日本は、集団的自衛権を行使できるようにならなければ、あるいは日米安保体制に依存し続けなければ、日本の存続と安全を確保することが本当にできないのか。我々はもう一度考え直す必要がある。

＊1　砂川事件では、日米安保条約の合憲性も争われたが、最高裁は、日米安保条約が高度に政治性を有するために司法審査になじまないとするいわゆる統治行為論を採用して、その判断を控えた。

＊2　極東委員会とは、日本の占領管理に関する連合国の最高政策決定機関をいい、アメリカ、イギリス、中国、ソ連、フランスなど一一カ国（一九四九年より一三カ国）で構成され、一九五二年のサンフランシスコ平和条約の発効に伴い、消滅した。

＊3　第二次世界大戦で日本が交戦状態にあった五五の連合国との講和条約の締結を全面講和という。しかし実際は、ソ連を含む共産圏の連合国は日本との講和条約に署名せず、サンフランシスコ平和条約はアメリカを含む四四の連合国が署名する片面講和（単独講和）にとどまった。

＊4　ソ連は日米安保条約廃棄後の日本の安全保障に関し、次の五つのいずれかによることを提案した。①ソ連は日本の永世中立を尊重し、かつ、遵守する保障を与える、②ソ連はアジアの他の関係諸国とともに、日本の中立の集団保障に参加する、③ソ連は日本の中立の集団保障にアメリカが参加することに反対しない、④日本の中立を確保するひとつの方法に、米ソ日中の四カ国で、平和友好条約を結び、他のアジアおよび極東諸国にも参加を許す、⑤日本が国連による中立保障を望めば、ソ連はこれを歓迎する。

＊5　日ソ中立条約締結後もソ連が中国に物資を支援しているとの報道を引き合いに出し、日本政府はソ連に対し、日米戦争と同様に日ソ中立条約に基づく中立を求めた。ソ連はこうした事実を否定し、日本が日ソ中立条約を遵守する限り、ソ連もこれにしたがう旨の回答をしている。

＊6　「安全保障のディレンマ」とは、他国の脅威を理由とする軍拡や同盟強化が、当該他国のさらなる軍拡や同盟強化をもたらす結果となることをいう。

あとがき

冷戦終結以降、ヨーロッパでは侵略的意図で戦争が発生することはもはやないとの立場が支配的になり、連帯と協力の名のもと中立を放棄する姿勢をみせる中立国も現れはじめた。

しかし、日本を含むさまざまな国々で排外主義が台頭しつつある昨今の状況は、戦争の発生を予期させるのに十分である。ひょっとすると数年後に、自国の周辺諸国間で戦争が起きていることも考えられるし、図らずも自国が交戦国となって戦争の渦中にいる可能性もある。その意味で、先行き不透明な現代国際社会においても、他国に対する武力行使にきわめて慎重であり、戦争の拡大防止に寄与する中立国の存在意義は決して失われることはない。中立が時代遅れの利己主義であるとの批判は当を得ているとはいえないだろう。

特にアメリカ同時多発テロ以降、戦争やテロに対して、多国籍軍や有志連合軍などが軍事力で鎮圧する動きがますます強まっているなかで、この軍事優先の傾向が事態をさらに悪化させている状況に鑑みれば、武力行使に慎重であるとともに事態を打開するための仲介活動に奔走する中立国は、この負の連鎖を断ち切る存在にもなりうる。

一方、日本の安全保障に目を転じれば、日米安保が一貫した安全保障政策の根幹にあった。しかし日米安保体制が同盟政策でありながら、その本質は日本の対米依存ないし対米従属であることは否定しがたく、新安全保障法制は対米依存・対米従属をより鮮明にした感がある。敗戦国日本はサンフランシスコ平和条約によって独立を回復したあともなお、日米安保条約の締結、沖縄の基地問題、新安全保障法制などアメリカの意向を第一に考慮するような安全保障政策をとってきたが、こうした対米依存・対米従属が、はたして日本の安全保障を確保する最善の策といえるのか。「戦後レジームからの脱却」をいうならば、アメリカからの真の独立のひとつのあり様に、永世中立国というオプションを検討してみる余地もあるのではないだろうか。

最後に、平凡社新書編集部の岸本洋和氏には、有益な情報の提供や、筆者の至らない文章に根気強くつきあってくださり丁寧なコメントをいただいた。氏の献身的な協力がなければ本書をこのようにまとめることはできなかったであろう。ここに厚く御礼申し上げる。

二〇一六年一一月

礒村英司

参考文献

第一章

石本泰雄『国際法の構造転換』有信堂高文社、一九九八年
伊津野重満『永世中立と国際法』学陽書房、一九八二年
岡倉古志郎『非同盟運動』大月書店、一九八七年
岡澤憲芙・奥島孝康編『スウェーデンの政治』早稲田大学出版部、一九九四年
9条世界会議国際法律家パネル編『9条は生かせる』日本評論社、二〇〇九年
国際法学会編『日本と国際法の100年 安全保障』（第一〇巻）三省堂、二〇〇一年（糟谷英之「内戦と国際人道法」）
澤野義一『非武装中立と平和保障――憲法九条の国際化に向けて』青木書店、一九九七年
澤野義一『永世中立と非武装平和憲法――非武装永世中立論研究序説』大阪経済法科大学出版部、二〇〇二年
澤野義一『平和憲法と永世中立――安全保障の脱構築と平和創造』法律文化社、二〇一二年
杉原高嶺・水上千之・臼杵知史・吉井淳・加藤信行・高田映『現代国際法講義』有斐閣、二〇一二年（第五版）

田岡良一『永世中立と日本の安全保障』有斐閣、一九五〇年

高井晉『国連と安全保障の国際法』内外出版、二〇〇九年

武田龍夫『北欧の外交――戦う小国の相克と現実』東海大学出版会、一九九八年

田畑茂二郎『国際法新講』下巻、東信堂、一九九一年

日本国際問題研究所『中立主義の研究』下巻、日本国際問題研究所、一九六一年（高野雄一「国際連合と中立」、大平善梧「集団的防衛と中立」）

藤田久一『国際人道法』有信堂高文社、二〇〇三年（再増補）

マックス・ヤコブソン（北詰洋一訳）『フィンランドの知恵――中立国家の歩みと現実』サイマル出版会、一九九〇年

村瀬信也・真山全編『武力紛争の国際法』東信堂、二〇〇四年（小森光夫「現代における中立法規の妥当基盤――中立的地位における公平原則の意義と正当化を中心として」、樋口一彦「国際人道法の適用における「武力紛争の存在」――国際的武力紛争と内戦（非国際的武力紛争）の区別の意味」、桐山孝信「民族解放闘争における武力紛争法の役割――パレスチナ紛争を素材として」）

和仁健太郎『伝統的中立制度の法的性格』東京大学出版会、二〇一〇年

E. Munro (ed.), *Challenges to Neutral & Non-Aligned Countries in Europe and Beyond*, The Geneva Centre for Security Policy, 2005

S.C. Neff, *The Rights and Duties of Neutrals : A General History*, Manchester, 2000

第二章

石本泰雄『中立制度の史的研究』有斐閣、一九五八年
落合淳隆『平和の法』敬文堂、一九八二年
城戸正彦『戦争と国際法』嵯峨野書院、一九九三年
澤野義一『永世中立と非武装平和憲法――非武装永世中立論研究序説』大阪経済法科大学出版部、二〇〇二年
篠原初枝『国際連盟――世界平和への夢と挫折』中公新書、二〇一〇年
田岡良一『永世中立と日本の安全保障』有斐閣、一九五〇年
武田龍夫『北欧の外交――戦う小国の相克と現実』東海大学出版会、一九九八年
建部和仁『小さな大国ルクセンブルク――美しき偉大な小国』かまくら春秋社、二〇一〇年
藤田久一『国連法』東京大学出版会、一九九八年
マックス・ヤコブソン（北詰洋一訳）『フィンランドの知恵――中立国家の歩みと現実』サイマル出版会、一九九〇年
百瀬宏『小国――歴史にみる理念と現実』岩波書店、二〇一一年
百瀬宏『北欧現代史』山川出版社、一九八〇年
百瀬宏編『ヨーロッパ小国の国際政治』東京大学出版会、一九九〇年
百瀬宏・熊野聰・村井誠人編『北欧史』山川出版社、一九九八年
森田安一『スイス――歴史から現代へ』刀水書房、一九八〇年

森田安一編『スイス・ベネルクス史』山川出版社、一九九八年
矢田俊隆・田口晃『オーストリア・スイス現代史』山川出版社、一九八四年
E. Bonjour, *Swiss Neutrality : Its History and Meaning*, George Allen & Unwin Ltd., 1948
S.C. Neff, *The Rights and Duties of Neutrals : A General History*, Manchester, 2000
J.F. Ross, *Neutrality and International Sanctions : Sweden, Switzerland and Collective Security*, Praeger Publishers, 1989

第三章

足立力也『丸腰国家——軍隊を放棄したコスタリカ60年の平和戦略』扶桑社新書、二〇〇九年
伊津野重満『永世中立と国際法』学陽書房、一九八二年
澤野義一『永世中立と非武装平和憲法——非武装永世中立論研究序説』大阪経済法科大学出版部、二〇〇二年
澤野義一『平和憲法と永世中立——安全保障の脱構築と平和創造』法律文化社、二〇一二年
田岡良一『永世中立と日本の安全保障』有斐閣、一九五〇年
竹村卓『非武装平和憲法と国際政治——コスタリカの場合』三省堂、二〇〇一年
日本国際問題研究所『中立主義の研究』上巻、日本国際問題研究所、一九六一年（吉村健蔵「北欧諸国の中立主義」、田岡良一「スイス」）
姫路獨協大学「戦争と平和」研究会編『戦争と平和を考える』嵯峨野書院、二〇〇六年（吉田稔「コスタ

リカ憲法と平和」）
M.M. Abbenhuis, *The Art of Staying Neutral: The Netherlands in the First World War, 1914-1918*, Amsterdam University Press, 2006
E. Karsh, *Neutrality and Small States*, Routledge, 1988
A. Maislinger (Hg.), *Costa Rica. Politik, Gesellschaft und Kultur eines Staates mit ständiger aktiver und unbewaffneter Neutralität*, Inn-Verlag Innsbruck, 1986
Stockholm International Peace Research Institute, *Military Expenditure Database*, at https://www.sipri.org/databases/milex

第四章

伊津野重満『永世中立と国際法』学陽書房、一九八二年
神谷不二『朝鮮戦争――米中対決の原形』中公新書、一九六六年
金学俊（Hosaka Yuji 訳）『朝鮮戦争――原因・過程・休戦・影響』論創社、二〇〇七年
小出五郎『戦争する国、平和する国――ノーベル平和賞受賞者 現コスタリカ大統領オスカル・アリアス・サンチェス氏と語る』佼成出版社、二〇〇七年
香西茂『国連の平和維持活動』有斐閣、一九九一年
澤野義一『永世中立と非武装平和憲法――非武装永世中立論研究序説』大阪経済法科大学出版部、二〇〇二年

滝本道生『中米ゲリラ戦争』毎日新聞社、一九八八年
山岡加奈子編『岐路に立つコスタリカ――新自由主義か社会民主主義か』アジア経済研究所、二〇一四年
E. Munro (ed.), *Challenges to Neutral & Non-Aligned Countries in Europe and beyond*, The Geneva Centre for Security Policy, 2005
A. Spring, *The International Law Concept of Neutrality in the 21st Century : An Analysis of Contemporary Neutrality with a Focus on Switzerland*, Dike Law Books, 2014

第五章

赤根谷達雄・落合浩太郎編『日本の安全保障』有斐閣コンパクト、二〇〇四年
芦部信喜『憲法学 憲法総論』有斐閣、一九九二年
石橋政嗣『非武装中立論』社会新書、一九八〇年
石本泰雄『国際法の構造転換』有信堂高文社、一九九八年
浦田一郎『集団的自衛権限定容認とは何か――憲法的、批判的分析』日本評論社、二〇一六年
遠藤誠治・遠藤乾編『日米安保と自衛隊』岩波書店、二〇一五年
大澤真幸編著『憲法９条とわれらが日本――未来世代へ手渡す』筑摩選書、二〇一六年
工藤美知尋『日ソ中立条約の研究』南窓社、一九八五年
阪田雅裕『憲法９条と安保法制――政府の新たな憲法解釈の検証』有斐閣、二〇一六年
坂本義和「中立日本の防衛構想」『世界』八月号、岩波書店、一九五九年（『坂本義和集 戦後外交の原点』

岩波書店、二〇〇四年に再録）
澤野義一『永世中立と非武装平和憲法――非武装永世中立論研究序説』大阪経済法科大学出版部、二〇〇二年
渋谷秀樹『憲法』有斐閣、二〇一三年（第二版）
祖川武夫（祖川武夫論文集編集委員代表、小田滋・石本泰雄）『国際法と戦争違法化――その論理構造と歴史性』信山社、二〇〇四年
田岡良一『永世中立と日本の安全保障』有斐閣、一九五〇年
高見勝利「集団的自衛権「限定行使」の虚実――「保護法益」の視点から」『世界』九月号、岩波書店、二〇一五年
田畑忍『非戦・永世中立論――憲法九条と防衛の問題』法律文化社、一九八一年
恒藤恭「戰爭放棄の問題（上）」『世界』五月号、岩波書店、一九四九年
豊下楢彦・古関彰一『集団的自衛権と安全保障』岩波新書、二〇一四年
中野進「自衛隊の国際連合軍化と日本国の永世中立国化」富士大学紀要、二九巻、一九九六年
日本国際問題研究所『中立主義の研究』下巻、日本国際問題研究所、一九六一年（杉山茂雄「日本における中立論」）
野中俊彦・中村睦男・高橋和之・高見勝利『憲法Ⅰ』有斐閣、二〇一二年（第五版）
春名幹男『仮面の日米同盟――米外交機密文書が明かす真実』文春新書、二〇一五年
防衛大学校安全保障学研究会編著『安全保障学入門』亜紀書房、二〇〇九年（新訂第四版）

ボリス・スラヴィンスキー（高橋実・江沢和弘訳）『考証 日ソ中立条約――公開されたロシア外務省機密文書』岩波書店、一九九六年
山内敏弘『「安全保障」法制と改憲を問う』法律文化社、二〇一五年
横田喜三郎『日本の講和問題』勁草書房、一九五〇年
渡辺治・山形英郎・浦田一郎・君島東彦・小沢隆一『集団的自衛権容認を批判する』日本評論社、二〇一四年

【著者】
磯村英司（いそむら えいじ）
1970年生まれ。西南学院大学大学院法学研究科法律学専攻博士後期課程満期退学。西南学院大学非常勤講師、長崎県立シーボルト大学非常勤講師などを経て、現在福岡国際大学准教授。専門は国際法学、特に永世中立制度、武力紛争時の環境保護。国際法学会、日本平和学会所属。

平凡社新書832

戦争する国にしないための中立国入門

発行日——2016年12月15日　初版第1刷

著者——磯村英司

発行者——西田裕一

発行所——株式会社平凡社
東京都千代田区神田神保町3-29　〒101-0051
電話　東京（03）3230-6580［編集］
　　　東京（03）3230-6573［営業］
振替　00180-0-29639

印刷・製本—図書印刷株式会社

装幀——菊地信義

ISBN978-4-582-85832-7
NDC 分類番号319.8　新書判（17.2cm）　総ページ240
平凡社ホームページ　http://www.heibonsha.co.jp/

平凡社新書　好評既刊！

336 核大国化する日本 平和利用と核武装論 鈴木真奈美
平和利用の下に、原爆五〇〇〇発分ものプルトニウムを抱える日本の進路。

361 皇室外交とアジア 佐藤考一
皇室による「外国交際」はアジアの国々にどのように受け取られたかを考察する。

373 論壇の戦後史 1945-1970 奥武則
論壇が存在感を持っていた時代を鮮やかに描き、「戦後」に新たな光をあてる。

402 戦争する脳 破局への病理 計見一雄
「戦争脳」とは何か？ 自衛隊の存在、イラク戦争から考える精神医学的戦争論。

424 「日本は先進国」のウソ 杉田聡
国民が豊かさを感じられなくても、日本は「先進国」と言えるのだろうか？

430 へそ曲がりの大英帝国 新井潤美
小説やコメディなど「大衆文化」から見る、本当のイギリスとイギリス人の姿。

448 昭和史を動かしたアメリカ情報機関 有馬哲夫
昭和史の重要局面に影響を与えたアメリカ情報機関の動きを新資料を交えて紹介。

455 青年ヒトラー 大澤武男
ヒトラーの出生から反ユダヤ主義に目覚めていく青年期までをつぶさに考察する。

平凡社新書　好評既刊！

577
1989年
現代史最大の転換点を検証する
竹内修司
昭和天皇崩御、天安門事件、東欧革命。これらが一気に出来した歴史的意味とは。

590
まるわかり政治語事典
目からうろこの精選600語
塩田潮
政界特有の用語、俗語、隠語、流行語、政治家の語録等を通して政治を読み解く。

617
中東和平構想の現実
パレスチナに「二国家共存」は可能か
森戸幸次
アラファトの軌跡と、彼が推進した「二国家共存」構想、冷戦崩壊後の中東を考える。

627
革命論
マルチチュードの政治哲学序説
市田良彦
政治の例外状態＝革命。〈正義〉が蹂躙されてしまう時代の西洋哲学最前線。

636
日本はなぜ世界で認められないのか
「国際感覚」のズレを読み解く
柴山哲也
戦争責任、捕鯨問題、北朝鮮拉致等の題材に見る〝日本人が知らないニッポン〟。

643
イスラエルとは何か
ヤコヴ・M・ラブキン
菅野賢治訳
極端な国家主義としてのシオニズム。国際的に形成された欺瞞の歴史を明かす。

657
領土問題をどう解決するか
対立から対話へ
和田春樹
なぜ対立をするのか？　歴史の見直しと論点の整理から、平和解決の道を探る。

679
憲法九条の軍事戦略
松竹伸幸
対米従属派の没論理を批判し、九条と防衛の両立をめざすプラグマティックな論考！